# 5 CONSEJOS PARA EMPEZAR

## 1) CÓMO RESOLVER LAS SOPA DE LETRAS

Los rompecabezas tienen un formato clásico:

- Las palabras se ocultan sin espacios ni guiones,...
- Orientación: Las palabras pueden escribirse hacia delante, hacia atrás, hacia arriba, hacia abajo o en diagonal (pueden estar invertidas).
- Las palabras pueden superponerse o cruzarse.

## 2) APRENDIZAJE ACTIVO

Junto a cada palabra hay un espacio para anotar la traducción. Para fomentar un aprendizaje activo, un **DICCIONARIO** al final de esta edición te permitirá comprobar y ampliar tus conocimientos. Busca y anota las traducciones, encuéntralas en el puzzle y añádelas a tu vocabulario!

## 3) MARCAR LAS PALABRAS

Puedes inventar tu propio sistema de marcado. ¿Quizás ya usas uno? También puedes, por ejemplo, marcar las palabras difíciles de encontrar con una cruz, las que te gustan con una estrella, las nuevas con un triángulo, las raras con un diamante, etc.

## 4) ESTRUCTURAR EL APRENDIZAJE

Esta edición ofrece un **CUADERNO DE NOTAS** muy práctico al final del libro. En vacaciones, de viaje o en casa, podrás organizar fácilmente tus nuevos conocimientos sin necesidad de un segundo cuaderno!

## 5) ¿HABÉIS TERMINADO TODAS LAS PARRILLAS?

En las últimas páginas de este libro, en la sección **DESAFÍO FINAL**, encontrarás un juego gratis!

¡Rápido y sencillo! Echa un vistazo a nuestra colección de libros de actividades para tu próximo momento de diversión y aprendizaje, ¡a sólo un clic de distancia!

Encuentre su próximo reto en:

BestActivityBooks.com/MiProximoLibro

Descubra Juegos Gratis Online

Disponibles Aquí:

**BestActivityBooks.com/FREEGAMES**

# En sus marcas, listos, ¡Ya!

¿Sabías que hay unas 7.000 lenguas diferentes en el mundo? Las palabras son preciosas.

Nos encantan los idiomas y hemos trabajado duro para crear libros de la más alta calidad para tí. ¿Nuestros ingredientes?

Una selección de temas adecuados para el aprendizaje, tres buenas porciones de entretenimiento, y luego añadimos una cucharada de palabras difíciles y una pizca de palabras raras. Los servimos con cariño y máxima diversión para que puedas resolver los mejores juegos de palabras y te diviertas aprendiendo!

-------

Tu opinión es esencial. Puedes participar activamente en el éxito de este libro dejándonos un comentario. Nos encantaría saber qué es lo que más le ha gustado de esta edición.

Aquí hay un enlace rápido a tu página de pedidos:

BestBooksActivity.com/Opiniones50

Gracias por tu ayuda y diviértete!

Todo el equipo

# 1 - Ajedrez

| | | | | | | | | | | | | | |
|---|---|---|---|---|---|---|---|---|---|---|---|---|---|
| 阅 | 潜 | 技 | 乐 | 艺 | 鱼 | 陶 | 棒 | 松 | 摄 | 绘 | 白 | 读 | 球 |
| 牺 | 趣 | 利 | 趣 | 织 | 陶 | 露 | 舞 | 纫 | 乐 | 露 | 色 | 聪 | 术 |
| 牲 | 露 | 绘 | 瓷 | 趣 | 被 | 绘 | 戏 | 动 | 利 | 法 | 篮 | 明 | 女 |
| 战 | 法 | 放 | 艺 | 活 | 动 | 趣 | 戏 | 乐 | 狩 | 播 | 放 | 器 | 王 |
| 阅 | 略 | 织 | 放 | 品 | 松 | 艺 | 球 | 读 | 织 | 绘 | 陶 | 法 | 猎 |
| 陶 | 篮 | 击 | 画 | 黑 | 摄 | 艺 | 针 | 远 | 织 | 画 | 艺 | 舞 | 潜 |
| 瓷 | 拼 | 暇 | 针 | 针 | 色 | 松 | 摄 | 针 | 规 | 球 | 摄 | 瓷 | 棒 |
| 缝 | 拳 | 读 | 技 | 纫 | 织 | 远 | 潜 | 绘 | 则 | 游 | 针 | 纫 | 跳 |
| 益 | 露 | 艺 | 跳 | 动 | 钓 | 棒 | 影 | 拳 | 松 | 戏 | 露 | 鱼 | 钓 |
| 动 | 瓷 | 远 | 篮 | 篮 | 品 | 足 | 能 | 图 | 纫 | 舞 | 阅 | 魔 | 拼 |
| 瓷 | 时 | 技 | 舞 | 针 | 趣 | 能 | 冠 | 园 | 对 | 手 | 动 | 猎 | 乐 |
| 利 | 间 | 益 | 拼 | 图 | 魔 | 篮 | 动 | 军 | 角 | 棒 | 暇 | 摄 | 缝 |
| 比 | 点 | 足 | 潜 | 露 | 影 | 戏 | 织 | 远 | 线 | 放 | 鱼 | 篮 | 暇 |
| 赛 | 法 | 画 | 缝 | 松 | 读 | 远 | 利 | 利 | 篮 | 活 | 阅 | 阅 | 法 |

白色
冠军
比赛
对角线
战略
聪明
游戏
播放器

黑色
对手
被动
规则
女王
牺牲
时间

# 2 - Agua

| | | | | | | | | | | | | | |
|---|---|---|---|---|---|---|---|---|---|---|---|---|---|
| 乐 | 淋 | 冰 | 间 | 歇 | 泉 | 潮 | 缝 | 技 | 狩 | 摄 | 能 | 乐 | 摄 |
| 海 | 浴 | 击 | 狩 | 松 | 拼 | 湿 | 活 | 足 | 鱼 | 露 | 灌 | 缝 | 篮 |
| 纫 | 洋 | 阅 | 图 | 艺 | 球 | 度 | 远 | 拼 | 游 | 瓷 | 露 | 溉 | 击 |
| 影 | 松 | 戏 | 法 | 戏 | 动 | 击 | 动 | 瓷 | 拳 | 影 | 放 | 潜 | 阅 |
| 能 | 阅 | 篮 | 工 | 织 | 篮 | 活 | 潜 | 品 | 暇 | 针 | 拳 | 织 | 术 |
| 魔 | 图 | 远 | 放 | 画 | 影 | 足 | 影 | 织 | 艺 | 读 | 远 | 戏 | 活 |
| 图 | 潜 | 跳 | 拳 | 阅 | 针 | 运 | 露 | 影 | 读 | 艺 | 趣 | 波 | 浪 |
| 瓷 | 洪 | 击 | 乐 | 摄 | 缝 | 河 | 营 | 足 | 绘 | 陶 | 法 | 飓 | 利 |
| 影 | 水 | 术 | 品 | 猎 | 足 | 蒸 | 汽 | 鱼 | 钓 | 缝 | 季 | 风 | 猎 |
| 工 | 趣 | 潜 | 戏 | 跳 | 园 | 发 | 河 | 钓 | 活 | 技 | 棒 | 暇 | 拳 |
| 跳 | 瓷 | 针 | 趣 | 阅 | 活 | 霜 | 拼 | 营 | 猎 | 松 | 跳 | 织 | 游 |
| 狩 | 园 | 雪 | 缝 | 远 | 陶 | 纫 | 猎 | 拳 | 放 | 魔 | 织 | 击 | 远 |
| 利 | 暇 | 摄 | 雨 | 瓷 | 绘 | 游 | 乐 | 针 | 湖 | 益 | 松 | 阅 | 读 |
| 乐 | 钓 | 绘 | 阅 | 活 | 足 | 针 | 魔 | 动 | 技 | 潜 | 阅 | 球 | 篮 |

运河
淋浴
蒸发
间歇泉
湿度
飓风
潮湿

洪水
季风
海洋
波浪
灌溉
蒸汽

# 3 - Granja #2

| 远 | **法** | 篮 | 趣 | 针 | 露 | **法** | 谷 | 绘 | 阅 | 摄 | 拖 | 动 | 图 |
|---|---|---|---|---|---|---|---|---|---|---|---|---|---|
| **活** | 园 | 园 | 趣 | 营 | 击 | 鱼 | 仓 | 羊 | 园 | 摄 | 拉 | 篮 | 物 |
| 小 | **麦** | 绘 | 农 | 针 | 风 | 绘 | 游 | 暇 | 动 | 图 | 机 | 纫 | 针 |
| 品 | 纫 | 画 | 民 | 趣 | 纫 | 车 | **法** | 益 | 摄 | 戏 | 鱼 | 灌 | 园 |
| 大 | 球 | 美 | 草 | 甸 | 食 | 猎 | 跳 | 技 | 营 | 球 | 戏 | 溉 | 读 |
| 利 | 麦 | 洲 | 乐 | 影 | 物 | 牛 | 奶 | 瓷 | 营 | 益 | 缝 | 水 | 果 |
| 陶 | 狩 | 驼 | 狩 | 击 | 果 | 园 | 活 | 能 | 读 | 鱼 | 牧 | 益 | 术 |
| 针 | 趣 | 暇 | 工 | 趣 | 狩 | 拳 | 露 | 游 | 动 | 艺 | 羊 | 鱼 | 读 |
| 跳 | 摄 | 放 | 击 | 利 | 技 | 绘 | 图 | 暇 | 舞 | 动 | 人 | 针 | 营 |
| 钓 | 远 | 钓 | 织 | 跳 | 蔬 | 菜 | 艺 | 松 | 拳 | 乐 | 鱼 | 缝 | 影 |
| 松 | 游 | 拼 | 营 | 缝 | 利 | 乐 | 技 | 乐 | 品 | 猎 | 玉 | 米 | 游 |
| 棒 | 鸭 | 远 | 利 | 术 | 跳 | 拳 | 针 | 针 | 拼 | 画 | 艺 | 乐 | 纫 |
| 纫 | 能 | 潜 | 织 | 缝 | 画 | 远 | 拳 | 狩 | 趣 | 画 | 棒 | 影 | 阅 |
| 缝 | 猎 | 影 | 益 | 露 | 拳 | 击 | 画 | 能 | 读 | 球 | 松 | 羊 | 肉 |

农民
动物
大麦
食物
羊肉
水果
谷仓
果园
牛奶

美洲驼
玉米
风车
牧羊人
草甸
灌溉
拖拉机
小麦
蔬菜

# 4 - Mueble

| | | | | | | | | | | | | | |
|---|---|---|---|---|---|---|---|---|---|---|---|---|---|
| 扶 | 衣 | 橱 | 椅 | 织 | 绘 | 猎 | 画 | 猎 | 放 | 营 | 利 | 货 | 露 |
| 球 | 手 | 乐 | 子 | 球 | 法 | 跳 | 球 | 梳 | 妆 | 台 | 狩 | 架 | 动 |
| 益 | 利 | 椅 | 针 | 足 | 篮 | 陶 | 益 | 击 | 拼 | 动 | 技 | 拼 | 陶 |
| 潜 | 远 | 活 | 狩 | 跳 | 书 | 柜 | 益 | 艺 | 针 | 魔 | 击 | 织 | 戏 |
| 乐 | 棒 | 击 | 趣 | 活 | 潜 | 品 | 技 | 能 | 潜 | 暇 | 露 | 舞 | 绘 |
| 织 | 拳 | 摄 | 阅 | 阅 | 钓 | 放 | 拳 | 球 | 戏 | 球 | 品 | 活 | 暇 |
| 钓 | 摄 | 球 | 益 | 潜 | 吊 | 营 | 戏 | 舞 | 织 | 远 | 拼 | 长 | 椅 |
| 灯 | 露 | 趣 | 能 | 鱼 | 活 | 床 | 技 | 击 | 艺 | 趣 | 拳 | 跳 | 术 |
| 绌 | 床 | 鱼 | 钓 | 法 | 拼 | 击 | 拼 | 读 | 能 | 击 | 图 | 摄 | 游 |
| 营 | 靠 | 垫 | 露 | 露 | 艺 | 鱼 | 游 | 暇 | 鱼 | 动 | 拼 | 摄 | 棒 |
| 地 | 毯 | 阅 | 球 | 织 | 拳 | 动 | 狩 | 法 | 窗 | 帘 | 露 | 读 | 枕 |
| 陶 | 跳 | 放 | 法 | 乐 | 钓 | 绌 | 摄 | 技 | 营 | 拳 | 游 | 击 | 头 |
| 篮 | 缝 | 球 | 活 | 猎 | 图 | 阅 | 影 | 松 | 摄 | 趣 | 趣 | 击 | 营 |
| 跳 | 缝 | 绌 | 影 | 品 | 法 | 绘 | 击 | 术 | 镜 | 子 | 戏 | 影 | 乐 |

| | |
|---|---|
| 地毯 | 镜子 |
| 枕头 | 书柜 |
| 衣橱 | 货架 |
| 靠垫 | 吊床 |
| 床垫 | 椅子 |
| 窗帘 | 扶手椅 |
| 梳妆台 | 长椅 |

# 5 - Pesca

| | | | | | | | | | | | | |
|---|---|---|---|---|---|---|---|---|---|---|---|---|
| 趣 | 动 | 篮 | 棒 | 远 | 摄 | 露 | 暇 | 营 | 鱼 | 足 | 足 | 摄 | 颚 |
| 重 | 湖 | 子 | 猎 | 趣 | 营 | 钓 | 营 | 瓷 | 技 | 能 | 品 | 缝 | 潜 |
| 棒 | 量 | 益 | 绘 | 海 | 洋 | 暇 | 艺 | 技 | 乐 | 潜 | 松 | 舞 | 影 |
| 猎 | 画 | 乐 | 陶 | 跳 | 跳 | 读 | 棒 | 诱 | 棒 | 动 | 猎 | 读 | 魔 |
| 影 | 跳 | 画 | 画 | 舞 | 益 | 球 | 钓 | 饵 | 能 | 动 | 活 | 棒 | 动 |
| 绘 | 远 | 鱼 | 乐 | 足 | 画 | 狩 | 松 | 设 | 备 | 游 | 暇 | 摄 | 击 |
| 球 | 趣 | 工 | 游 | 棒 | 拳 | 暇 | 图 | 露 | 棒 | 拳 | 鱼 | 营 | 缝 |
| 足 | 园 | 狩 | 法 | 绘 | 乐 | 舞 | 品 | 乐 | 猎 | 趣 | 游 | 图 | 纫 |
| 狩 | 读 | 远 | 图 | 击 | 摄 | 园 | 松 | 缝 | 击 | 夸 | 拳 | 营 | 魔 |
| 跳 | 潜 | 拼 | 狩 | 潜 | 绘 | 画 | 海 | 滩 | 钓 | 营 | 张 | 利 | 读 |
| 拳 | 击 | 松 | 季 | 节 | 放 | 活 | 放 | 影 | 乐 | 游 | 图 | 远 | 远 |
| 绘 | 游 | 鳍 | 河 | 钩 | 戏 | 暇 | 织 | 画 | 法 | 利 | 画 | 织 | 工 |
| 动 | 品 | 拳 | 活 | 拼 | 阅 | 耐 | 工 | 摄 | 园 | 园 | 影 | 读 | 活 |
| 船 | 水 | 技 | 绘 | 松 | 露 | 心 | 足 | 远 | 纫 | 纫 | 能 | 趣 | 鳃 |

诱饵
篮子
设备
夸张
海洋

耐心
重量
海滩
季节

# 6 - Aviones

| 船 | 绘 | 利 | 降 | 落 | 读 | 益 | 跳 | 读 | 钓 | 画 | 品 | 品 | 魔 |
|---|---|---|---|---|---|---|---|---|---|---|---|---|---|
| 绘 | 员 | 引 | 擎 | 图 | 利 | 缝 | 趣 | 活 | 球 | 放 | 动 | 摄 | 猎 |
| 大 | 气 | 层 | 织 | 篮 | 历 | 织 | 暇 | 图 | 高 | 利 | 瓷 | 击 |
| 舞 | 能 | 阅 | 潜 | 画 | 史 | 缝 | 瓷 | 针 | 露 | 度 | 足 | 设 | 计 |
| 猎 | 魔 | 露 | 燃 | 阅 | 放 | 气 | 球 | 狩 | 钓 | 品 | 园 | 鱼 | 鱼 |
| 针 | 画 | 潜 | 料 | 品 | 膨 | 篮 | 幼 | 拳 | 瓷 | 鱼 | 绘 | 艺 | 露 |
| 跳 | 戏 | 阅 | 潜 | 益 | 胀 | 钓 | 术 | 球 | 织 | 阅 | 拼 | 跳 | 术 |
| 益 | 舞 | 阅 | 读 | 鱼 | 魔 | 陶 | 冒 | 险 | 乘 | 客 | 能 | 读 | 松 |
| 戏 | 读 | 湍 | 流 | 幼 | 乐 | 击 | 艺 | 足 | 幼 | 幼 | 鱼 | 织 | 能 |
| 利 | 天 | 露 | 猎 | 幼 | 篮 | 针 | 足 | 缝 | 读 | 棒 | 缝 | 园 | 魔 |
| 摄 | 鱼 | 空 | 气 | 狩 | 潜 | 动 | 营 | 跳 | 针 | 法 | 利 | 鱼 | 影 |
| 影 | 棒 | 螺 | 导 | 放 | 瓷 | 球 | 能 | 拳 | 猎 | 画 | 纫 | 拼 | 足 |
| 针 | 画 | 旋 | 乐 | 航 | 魔 | 拳 | 动 | 猎 | 拳 | 魔 | 工 | 猎 | 球 |
| 击 | 纫 | 桨 | 飞 | 行 | 员 | 缝 | 品 | 游 | 方 | 向 | 利 | 棒 | 氢 |

空气
高度
降落
大气层
冒险空
天料
燃向
方
设计
气球

螺旋桨
历史
膨胀
引擎
导航
乘客
飞行员
船员
湍流

# 7 - Tipos de Cabello

| 棕 | 黑 | 放 | 棒 | 营 | 猎 | 纫 | 缝 | 阅 | 能 | 白 | 游 | 技 | 缝 |
|---|---|---|---|---|---|---|---|---|---|---|---|---|---|
| 缝 | 色 | 活 | 瓷 | 游 | 戏 | 猎 | 暇 | 游 | 戏 | 色 | 拼 | 远 | 品 |
| 舞 | 缝 | 健 | 摄 | 舞 | 舞 | 园 | 读 | 远 | 篮 | 品 | 艺 | 工 | 魔 |
| 园 | 益 | 康 | 棒 | 露 | 纫 | 读 | 击 | 工 | 拼 | 画 | 舞 | 能 | 暇 |
| 图 | 球 | 动 | 针 | 园 | 绘 | 灰 | 益 | 阅 | 能 | 摄 | 钓 | 摄 | 暇 |
| 法 | 厚 | 干 | 绘 | 暇 | 能 | 色 | 秃 | 影 | 术 | 击 | 松 | 击 | 击 |
| 影 | 舞 | 织 | 篮 | 足 | 露 | 法 | 舞 | 银 | 狩 | 足 | 阅 | 乐 | 纫 |
| 园 | 暇 | 术 | 摄 | 阅 | 缝 | 针 | 技 | 拼 | 织 | 头 | 园 | 舞 | 益 |
| 乐 | 技 | 拳 | 卷 | 远 | 棒 | 读 | 柔 | 阅 | 辫 | 皮 | 拳 | 利 | 鱼 |
| 技 | 影 | 营 | 曲 | 闪 | 亮 | 的 | 软 | 金 | 子 | 拼 | 远 | 狩 | 能 |
| 鱼 | 缝 | 球 | 读 | 跳 | 足 | 放 | 的 | 卷 | 发 | 戏 | 游 | 击 | 魔 |
| 艺 | 拳 | 短 | 读 | 薄 | 品 | 读 | 球 | 利 | 阅 | 鱼 | 露 | 织 | 击 |
| 球 | 术 | 棒 | 鱼 | 露 | 击 | 趣 | 工 | 工 | 针 | 纫 | 钓 | 法 | 戏 |
| 阅 | 针 | 织 | 舞 | 露 | 长 | 影 | 放 | 编 | 织 | 舞 | 缝 | 织 | 魔 |

| | |
|---|---|
| 白色 | 卷发 |
| 闪亮的 | 金发 |
| 头皮 | 健康 |
| 灰色 | 柔软的 |
| 棕色 | 编织 |
| 黑色 | 辫子 |
| 卷曲 | |

# 8 - Ciencia Ficción

| 暇 | 瓷 | 品 | 狩 | 乐 | 利 | 图 | 舞 | 工 | 魔 | 影 | 绘 | 放 | 利 |
|---|---|---|---|---|---|---|---|---|---|---|---|---|---|
| 放 | 针 | 拳 | 松 | 狩 | 魔 | 拼 | 品 | 乐 | 瓷 | 拳 | 猎 | 游 | 魔 |
| 拳 | 针 | 图 | 艺 | 活 | 潜 | 品 | 魔 | 艺 | 趣 | 陶 | 营 | 魔 | 图 |
| 未 | 来 | 派 | 画 | 乐 | 鱼 | 绘 | 艺 | 能 | 狩 | 钓 | 神 | 针 | 针 |
| 艺 | 营 | 技 | 篮 | 绘 | 游 | 拼 | 益 | 游 | 图 | 纫 | 秘 | 工 | 工 |
| 乌 | 托 | 邦 | 火 | 原 | 拼 | 动 | 画 | 极 | 篮 | 缝 | 陶 | 营 | 营 |
| 游 | 跳 | 活 | 陶 | 子 | 暇 | 利 | 利 | 乐 | 端 | 瓷 | 钓 | 棒 | 棒 |
| 织 | 织 | 术 | 跳 | 品 | 园 | 术 | 潜 | 场 | 营 | 乐 | 利 | 击 | 击 |
| 技 | 世 | 能 | 图 | 露 | 钓 | 击 | 棒 | 景 | 摄 | 瓷 | 足 | 错 | 错 |
| 露 | 界 | 读 | 利 | 鱼 | 足 | 电 | 摄 | 园 | 跳 | 影 | 利 | 觉 | 觉 |
| 潜 | 图 | 戏 | 爆 | 利 | 影 | 游 | 利 | 园 | 艺 | 舞 | 绘 | 魔 | 魔 |
| 行 | 缝 | 舞 | 图 | 炸 | 书 | 远 | 击 | 棒 | 游 | 虚 | 针 | 针 |
| 星 | 甲 | 骨 | 文 | 针 | 品 | 籍 | 小 | 克 | 隆 | 足 | 足 | 构 | 游 |
| 技 | 系 | 机 | 器 | 艺 | 暇 | 足 | 说 | 技 | 露 | 棒 | 工 | 的 |
|   |   |   | 人 | 读 |   | 阅 | 术 | 拼 | 园 | 动 |   |   |

原子
电影
克隆
场景
爆炸
极端
未来派
星系
错觉
虚构的

书籍
神秘
世界
小说
甲骨文
行星
机器人
技术
乌托邦

# 9 - Juguetes

| | | | | | | | | | | | | | |
|---|---|---|---|---|---|---|---|---|---|---|---|---|---|
| 风 | 园 | 动 | 摄 | 阅 | 猎 | 松 | 利 | 法 | 球 | 露 | 乐 | 狩 | 品 |
| 筝 | 阅 | 瓷 | 戏 | 放 | 魔 | 瓷 | 趣 | 暇 | 营 | 陶 | 船 | 球 | 狩 |
| 纫 | 钓 | 露 | 法 | 想 | 象 | 力 | 戏 | 球 | 利 | 摄 | 潜 | 园 | 利 |
| 缝 | 远 | 影 | 戏 | 鱼 | 跳 | 黏 | 土 | 技 | 法 | 术 | 猎 | 法 | 工 |
| 缝 | 猎 | 最 | 影 | 利 | 影 | 钓 | 瓷 | 鱼 | 拳 | 拼 | 远 | 摄 | 法 |
| 足 | 潜 | 喜 | 影 | 艺 | 钓 | 松 | 跳 | 猎 | 油 | 阅 | 魔 | 利 | 棒 |
| 纫 | 猎 | 欢 | 戏 | 鱼 | 绘 | 动 | 潜 | 球 | 漆 | 游 | 戏 | 游 | 瓷 |
| 游 | 艺 | 的 | 图 | 暇 | 自 | 缝 | 狩 | 棒 | 营 | 针 | 瓷 | 潜 | 动 |
| 松 | 球 | 舞 | 钓 | 猎 | 趣 | 行 | 卡 | 影 | 足 | 工 | 艺 | 品 | 读 |
| 营 | 棒 | 跳 | 魔 | 棋 | 纫 | 汽 | 车 | 能 | 纫 | 潜 | 利 | 乐 | 足 |
| 园 | 利 | 陶 | 能 | 篮 | 书 | 娃 | 娃 | 趣 | 飞 | 益 | 利 | 园 | 远 |
| 鱼 | 猎 | 鼓 | 益 | 术 | 籍 | 动 | 暇 | 陶 | 活 | 机 | 艺 | 猎 | 狩 |
| 篮 | 猎 | 跳 | 游 | 暇 | 击 | 潜 | 法 | 营 | 营 | 露 | 器 | 火 | 车 |
| 暇 | 趣 | 阅 | 狩 | 纫 | 狩 | 园 | 读 | 钓 | 舞 | 动 | 猎 | 人 | 纫 |

黏土　　　　　　　想象力
工艺品　　　　　　游戏
飞机　　　　　　　书籍
自行车　　　　　　娃娃
卡车　　　　　　　油漆
汽车　　　　　　　机器人
风筝　　　　　　　火车
最喜欢的

# 10 - Circo

| | | | | | | | | | | | | | |
|---|---|---|---|---|---|---|---|---|---|---|---|---|---|
| 缝 | 乐 | 品 | 动 | 影 | 品 | 纫 | 纫 | 陶 | 缝 | 狩 | 摄 | 利 | 益 |
| 活 | 品 | 法 | 远 | 阅 | 远 | 戏 | 品 | 动 | 足 | 魔 | 能 | 跳 | 猎 |
| 戏 | 音 | 艺 | 技 | 鱼 | 拼 | 纫 | 放 | 影 | 法 | 魔 | 陶 | 球 | 拼 |
| 艺 | 远 | 乐 | 猴 | 子 | 拼 | 纫 | 球 | 钓 | 帐 | 法 | 足 | 画 | 魔 |
| 远 | 拼 | 暇 | 动 | 园 | 营 | 舞 | 小 | 丑 | 篷 | 乐 | 影 | 纫 | 法 |
| 诡 | 计 | 放 | 击 | 物 | 利 | 魔 | 篮 | 击 | 魔 | 术 | 师 | 游 | 工 |
| 篮 | 摄 | 拼 | 利 | 乐 | 针 | 利 | 动 | 跳 | 拳 | 暇 | 舞 | 行 | 针 |
| 游 | 魔 | 影 | 棒 | 击 | 织 | 远 | 拳 | 摄 | 影 | 工 | 潜 | 读 | 绘 |
| 品 | 图 | 放 | 纫 | 读 | 能 | 松 | 狮 | 子 | 大 | 象 | 杂 | 放 | 放 |
| 球 | 糖 | 果 | 瓷 | 图 | 钓 | 营 | 游 | 棒 | 游 | 工 | 利 | 技 | 狩 |
| 鱼 | 鱼 | 服 | 装 | 狩 | 法 | 绘 | 气 | 票 | 织 | 乐 | 跳 | 演 | 远 |
| 潜 | 法 | 利 | 球 | 棒 | 鱼 | 远 | 球 | 针 | 艺 | 松 | 足 | 员 | 拼 |
| 击 | 放 | 图 | 松 | 杂 | 耍 | 老 | 虎 | 游 | 钓 | 壮 | 游 | 拼 | 阅 |
| 远 | 活 | 摄 | 足 | 戏 | 篮 | 远 | 钓 | 鱼 | 游 | 观 | 众 | 钓 | 摄 |

杂技演员
动物
糖果
帐篷
游行
大象
壮观
观众
气球
狮子

魔法
魔术师
杂耍
猴子
音乐
小丑
老虎
服装
诡计

# 11 - Rellenar

| 篮 | 击 | 篮 | 球 | 品 | 狩 | 陶 | 动 | 能 | 瓷 | 露 | 篮 | 纸 | 箱 |
|---|---|---|---|---|---|---|---|---|---|---|---|---|---|
| 鱼 | 瓷 | 放 | 篮 | 趣 | 魔 | 技 | 摄 | 术 | 猎 | 拼 | 球 | 针 | 读 |
| 口 | 阅 | 园 | 摄 | 织 | 击 | 潜 | 猎 | 戏 | 管 | 暇 | 陶 | 乐 | 纫 |
| 绘 | 袋 | 露 | 露 | 击 | 图 | 鱼 | 阅 | 利 | 图 | 钓 | 放 | 暇 | 图 |
| 露 | 技 | 影 | 影 | 法 | 戏 | 动 | 针 | 针 | 趣 | 缝 | 针 | 猎 | 艺 |
| 营 | 绘 | 击 | 影 | 趣 | 戏 | 技 | 文 | 件 | 夹 | 击 | 松 | 绘 | 球 |
| 图 | 益 | 跳 | 露 | 动 | 织 | 绘 | 陶 | 松 | 球 | 品 | 篮 | 子 | 松 |
| 图 | 拳 | 纫 | 影 | 狩 | 包 | 花 | 盒 | 陶 | 盆 | 猎 | 鱼 | 魔 | 园 |
| 瓷 | 趣 | 能 | 读 | 影 | 陶 | 瓶 | 子 | 跳 | 地 | 术 | 陶 | 露 | 露 |
| 阅 | 能 | 托 | 盘 | 术 | 技 | 利 | 益 | 跳 | 钓 | 足 | 乐 | 钓 | 棒 |
| 松 | 游 | 拼 | 能 | 图 | 织 | 术 | 狩 | 戏 | 手 | 抽 | 屉 | 猎 | 猎 |
| 信 | 封 | 园 | 绘 | 跳 | 戏 | 能 | 针 | 球 | 球 | 提 | 技 | 瓷 | 读 |
| 潜 | 罐 | 瓷 | 篮 | 松 | 击 | 拼 | 舞 | 动 | 品 | 拼 | 箱 | 浴 | 术 |
| 放 | 陶 | 桶 | 织 | 拳 | 鱼 | 暇 | 利 | 舞 | 图 | 松 | 园 | 缸 | 针 |

托盘
浴缸
口袋
瓶子
盒子
抽屉
文件夹

纸箱
篮子
盆地
花瓶
手提箱
信封

# 12 - Granja #1

| 钓 | 摄 | 球 | 绘 | 拼 | 针 | 乌 | 鸦 | 阅 | 领 | 益 | 栅 | 针 | 图 |
| 游 | 露 | 园 | 狗 | 拳 | 放 | 品 | 猎 | 种 | 子 | 域 | 栏 | 球 | 技 |
| 趣 | 园 | 画 | 针 | 针 | 魔 | 活 | 陶 | 阅 | 暇 | 工 | 纫 | 织 | 远 |
| 能 | 小 | 干 | 园 | 利 | 击 | 戏 | 篮 | 驴 | 工 | 球 | 瓷 | 影 | 潜 |
| 缝 | 腿 | 草 | 影 | 松 | 乐 | 营 | 工 | 阅 | 利 | 能 | 狩 | 肥 | 击 |
| 拼 | 工 | 织 | 露 | 趣 | 足 | 水 | 农 | 活 | 拳 | 土 | 猫 | 料 | 远 |
| 棒 | 缝 | 阅 | 织 | 趣 | 远 | 跳 | 业 | 瓷 | 潜 | 阅 | 地 | 放 | 跳 |
| 拳 | 马 | 织 | 趣 | 鸡 | 钓 | 织 | 乐 | 足 | 益 | 猎 | 乐 | 击 |
| 术 | 乐 | 戏 | 魔 | 钓 | 游 | 松 | 棒 | 品 | 戏 | 陶 | 牛 | 活 | 球 |
| 园 | 米 | 击 | 放 | 拳 | 影 | 益 | 艺 | 乐 | 缝 | 阅 | 拼 | 技 | 艺 |
| 益 | 棒 | 狩 | 摄 | 棒 | 魔 | 品 | 山 | 放 | 摄 | 活 | 蜂 | 露 | 拼 |
| 术 | 阅 | 篮 | 能 | 活 | 拼 | 猎 | 羊 | 趣 | 潜 | 篮 | 暇 | 蜜 | 蜂 |
| 棒 | 利 | 技 | 击 | 暇 | 远 | 陶 | 篮 | 影 | 拼 | 陶 | 技 | 棒 | 法 |
| 摄 | 猎 | 摄 | 技 | 艺 | 阅 | 击 | 阅 | 游 | 放 | 阅 | 舞 | 松 | 松 |

蜜蜂
农业
山羊
领域
乌鸦
肥料

干草
蜂蜜
蜂种
小土
栅栏

# 13 - Camping

| 舞 | 工 | 术 | 鱼 | 棒 | 远 | 跳 | 动 | 放 | 拼 | 魔 | 狩 | 球 | 山 |
|---|---|---|---|---|---|---|---|---|---|---|---|---|---|
| 戏 | 鱼 | 钓 | 绘 | 技 | 陶 | 跳 | 露 | 营 | 舞 | 球 | 远 | 月 | 拳 |
| 术 | 营 | 设 | 术 | 击 | 拳 | 潜 | 阅 | 画 | 陶 | 绘 | 术 | 亮 | 乐 |
| 纫 | 画 | 备 | 游 | 拳 | 法 | 戏 | 灯 | 动 | 暇 | 戏 | 工 | 足 | 纫 |
| 昆 | 摄 | 冒 | 险 | 法 | 狩 | 湖 | 笼 | 远 | 影 | 艺 | 篮 | 击 | 球 |
| 虫 | 独 | 罗 | 盘 | 拳 | 织 | 瓷 | 品 | 松 | 阅 | 魔 | 趣 | 森 | 远 |
| 树 | 木 | 跳 | 阅 | 狩 | 篮 | 动 | 法 | 球 | 陶 | 法 | 篮 | 吊 | 林 |
| 狩 | 舟 | 术 | 能 | 趣 | 放 | 读 | 露 | 猎 | 益 | 乐 | 猎 | 床 | 拳 |
| 猎 | 拳 | 影 | 棒 | 读 | 能 | 陶 | 品 | 缝 | 放 | 画 | 法 | 动 | 物 |
| 技 | 拳 | 篮 | 乐 | 益 | 拼 | 魔 | 能 | 利 | 法 | 影 | 活 | 陶 | 露 |
| 地 | 戏 | 读 | 狩 | 瓷 | 猎 | 戏 | 棒 | 游 | 猎 | 鱼 | 陶 | 暇 | 跳 |
| 图 | 品 | 益 | 放 | 园 | 松 | 足 | 足 | 活 | 阅 | 纫 | 瓷 | 乐 | 阅 |
| 篮 | 帽 | 缝 | 击 | 益 | 远 | 影 | 纫 | 拼 | 大 | 自 | 然 | 绘 | 狩 |
| 绳 | 子 | 缝 | 舱 | 火 | 图 | 狩 | 戏 | 趣 | 画 | 画 | 图 | 法 | 拳 |

| | |
|---|---|
| 动物 | 设备 |
| 冒险 | 吊床 |
| 树木 | 昆虫 |
| 森林 | 灯笼 |
| 罗盘 | 月亮 |
| 独木舟 | 地图 |
| 狩猎 | 大自然 |
| 绳子 | 帽子 |

# 14 - Fruta

| | | | | | | | | | | | | | |
|---|---|---|---|---|---|---|---|---|---|---|---|---|---|
| 潜 | 工 | 读 | 法 | 陶 | 陶 | 品 | 能 | 戏 | 击 | 瓷 | 益 | 针 | 营 |
| 读 | 针 | 苹 | 果 | 游 | 舞 | 猕 | 暇 | 工 | 趣 | 技 | 乐 | 瓷 | 球 |
| 游 | 狩 | 术 | 瓷 | 技 | 樱 | 猴 | 猎 | 番 | 放 | 潜 | 技 | 利 | 魔 |
| 钓 | 狩 | 营 | 松 | 影 | 棒 | 桃 | 工 | 石 | 松 | 趣 | 术 | 益 | 露 |
| 松 | 读 | 画 | 营 | 暇 | 足 | 魔 | 品 | 榴 | 魔 | 浆 | 乐 | 乐 | 技 |
| 读 | 戏 | 放 | 织 | 画 | 足 | 柠 | 檬 | 木 | 芒 | 果 | 针 | 乐 | 拼 |
| 舞 | 舞 | 球 | 工 | 阅 | 法 | 放 | 图 | 瓜 | 术 | 针 | 露 | 能 | 葡 |
| 远 | 瓷 | 香 | 猎 | 游 | 园 | 游 | 趣 | 杏 | 园 | 鱼 | 活 | 桃 | 萄 |
| 摄 | 读 | 鱼 | 蕉 | 露 | 园 | 艺 | 拼 | 跳 | 覆 | 园 | 利 | 幼 | 猎 |
| 绘 | 魔 | 趣 | 篮 | 松 | 幼 | 松 | 橙 | 织 | 盆 | 趣 | 品 | 摄 | 潜 |
| 猎 | 跳 | 狩 | 跳 | 游 | 陶 | 缝 | 色 | 椰 | 子 | 鳄 | 梨 | 园 | 利 |
| 跳 | 乐 | 品 | 棒 | 趣 | 钓 | 摄 | 动 | 拼 | 艺 | 乐 | 油 | 动 | 篮 |
| 绘 | 术 | 影 | 狩 | 暇 | 技 | 法 | 缝 | 狩 | 益 | 工 | 桃 | 游 | 梨 |
| 拼 | 瓷 | 缝 | 织 | 球 | 舞 | 菠 | 萝 | 乐 | 暇 | 潜 | 狩 | 棒 | 暇 |

鳄梨
浆果
樱桃
椰子
覆盆子
番石榴
猕猴桃
柠檬

芒果
苹果
橙色
油桃
木瓜
菠萝
香蕉
葡萄

# 15 - Geología

魔 水 晶 钓 击 陶 瓷 能 趣 瓷 戏 活 足 益
魔 击 能 暇 品 露 球 艺 足 露 钙 图 技 动
动 绘 技 读 纫 露 图 陶 品 术 棒 摄 魔 球
足 技 游 活 棒 品 影 织 击 魔 营 化 瓷 术
高 原 击 针 层 钓 织 法 工 露 陶 石 英 戏
纫 狩 织 击 趣 足 熔 足 瓷 拳 棒 趣 艺 绘
园 钟 营 动 缝 拼 岩 利 画 画 远 趣 间 侵
阅 品 乳 读 盐 乐 篮 利 狩 织 针 技 歇 蚀
火 山 露 石 活 球 法 洞 篮 魔 游 瓷 泉 术
绘 跳 针 读 笋 益 工 穴 品 益 放 针 趣 魔
读 暇 阅 松 缝 篮 阅 益 图 矿 物 摄 利 舞
园 暇 戏 品 魔 术 品 工 针 缝 大 织 园 鱼
益 戏 魔 放 击 影 动 石 图 纫 地 陆 园 远
酸 法 跳 放 工 摄 画 头 图 瑚 震 品 拳 松

洞穴
大陆
珊瑚
水晶
石英
侵蚀
钟乳石
石笋

化石
间歇泉
熔岩
高原
矿物
石头
地震
火山

# 16 - Plantas

| 法 | 森 | 陶 | 术 | 常 | 松 | 钓 | 乐 | 拳 | 画 | 花 | 能 | 艺 | 读 |
|---|---|---|---|---|---|---|---|---|---|---|---|---|---|
| 绘 | 放 | 林 | 读 | 春 | 植 | 物 | 学 | 品 | 舞 | 活 | 园 | 读 | 纫 |
| 动 | 瓷 | 织 | 艺 | 藤 | 被 | 阅 | 益 | 品 | 远 | 棒 | 技 | 舞 | 艺 |
| 篮 | 读 | 陶 | 猎 | 松 | 远 | 摄 | 图 | 舞 | 影 | 针 | 影 | 戏 | 艺 |
| 艺 | 画 | 缝 | 能 | 瓷 | 营 | 技 | 松 | 品 | 根 | 远 | 营 | 拳 | 艺 |
| 足 | 草 | 营 | 戏 | 营 | 放 | 乐 | 活 | 缝 | 纫 | 拼 | 远 | 利 | 术 |
| 豆 | 益 | 露 | 花 | 摄 | 利 | 趣 | 能 | 术 | 画 | 游 | 摄 | 绘 | 动 |
| 阅 | 工 | 园 | 瓣 | 艺 | 画 | 放 | 远 | 技 | 跳 | 钓 | 影 | 篮 | 绘 |
| 仙 | 灌 | 木 | 树 | 阅 | 击 | 戏 | 足 | 足 | 球 | 肥 | 浆 | 果 | 针 |
| 人 | 针 | 钓 | 叶 | 乐 | 缝 | 植 | 物 | 跳 | 放 | 料 | 图 | 舞 | 营 |
| 掌 | 画 | 营 | 暇 | 竹 | 子 | 放 | 动 | 动 | 魔 | 图 | 乐 | 钓 | 球 |
| 活 | 画 | 图 | 舞 | 益 | 趣 | 术 | 拳 | 棒 | 摄 | 钓 | 篮 | 拼 | 瓷 |
| 画 | 织 | 暇 | 魔 | 击 | 纫 | 营 | 苔 | 工 | 放 | 影 | 艺 | 工 | 跳 |
| 魔 | 拼 | 织 | 摄 | 阅 | 瓷 | 潜 | 益 | 藓 | 棒 | 绘 | 益 | 足 | 法 |

| | |
|---|---|
| 灌木 | 植物 |
| 竹子 | 树叶 |
| 浆果 | 常春藤 |
| 森林 | 花园 |
| 植物学 | 苔藓 |
| 仙人掌 | 花瓣 |
| 肥料 | 植被 |

# 17 - Suministros de Arte

| | | | | | | | | | | | | |
|---|---|---|---|---|---|---|---|---|---|---|---|---|
| 露 | 足 | 缝 | 暇 | 陶 | 织 | 潜 | 营 | 松 | 动 | 图 | 舞 | 拼 | 远 |
| 粉 | 彩 | 钓 | 缝 | 趣 | 术 | 狩 | 园 | 狩 | 油 | 暇 | 放 | 放 | 营 |
| 露 | 鱼 | 拼 | 舞 | 铅 | 笔 | 品 | 丙 | 利 | 纫 | 乐 | 绘 | 针 | 法 |
| 技 | 篮 | 读 | 拼 | 拼 | 胶 | 水 | 烯 | 营 | 能 | 纸 | 摄 | 戏 | 魔 |
| 拳 | 艺 | 足 | 狩 | 乐 | 影 | 彩 | 酸 | 绘 | 艺 | 读 | 绘 | 摄 | 动 |
| 利 | 露 | 橡 | 舞 | 园 | 能 | 摄 | 纤 | 影 | 棒 | 摄 | 工 | 术 | 阅 |
| 拳 | 阅 | 工 | 皮 | 阅 | 乐 | 园 | 维 | 乐 | 艺 | 针 | 画 | 瓷 | 墨 |
| 瓷 | 远 | 技 | 绘 | 纫 | 游 | 织 | 纫 | 球 | 篮 | 颜 | 想 | 法 | 水 |
| 纫 | 法 | 图 | 织 | 足 | 钓 | 游 | 击 | 利 | 黏 | 篮 | 色 | 纫 | 游 |
| 乐 | 桌 | 刷 | 利 | 球 | 织 | 技 | 魔 | 利 | 土 | 球 | 针 | 画 | 技 |
| 油 | 漆 | 子 | 篮 | 创 | 陶 | 击 | 活 | 露 | 纫 | 影 | 瓷 | 照 | 园 |
| 击 | 松 | 艺 | 跳 | 造 | 针 | 鱼 | 椅 | 子 | 戏 | 陶 | 狩 | 相 | 品 |
| 动 | 趣 | 园 | 能 | 力 | 图 | 益 | 趣 | 足 | 益 | 击 | 画 | 机 | 利 |
| 潜 | 暇 | 钓 | 图 | 松 | 狩 | 狩 | 舞 | 舞 | 品 | 缝 | 架 | 纫 | 暇 |

丙烯酸纤维
水彩
黏土
橡皮
画架
照相机
刷子
颜色
创造力

想法
铅笔
桌子
粉彩
胶水
油漆
椅子
墨水

# 18 - Jardín

| | | | | | | | | | | | | | | |
|---|---|---|---|---|---|---|---|---|---|---|---|---|---|---|
| 车 | 乐 | 土 | 利 | 摄 | 狩 | 篮 | 图 | 图 | 术 | 钓 | 影 | 花 | 品 |
| 摄 | 库 | 壤 | 松 | 棒 | 潜 | 露 | 陶 | 足 | 乐 | 软 | 织 | 鱼 | 影 |
| 缝 | 击 | 益 | 绘 | 潜 | 工 | 松 | 狩 | 乐 | 露 | 管 | 针 | 魔 | 织 |
| 营 | 利 | 工 | 读 | 戏 | 织 | 魔 | 平 | 台 | 益 | 利 | 工 | 趣 | 狩 |
| 击 | 松 | 露 | 跳 | 绘 | 钓 | 工 | 舞 | 活 | 影 | 乐 | 拳 | 狩 | 阅 |
| 画 | 陶 | 岩 | 石 | 能 | 击 | 工 | 灌 | 木 | 艺 | 鱼 | 益 | 篮 | 趣 |
| 击 | 影 | 远 | 果 | 潜 | 放 | 跳 | 狩 | 技 | 松 | 跳 | 活 | 狩 | 读 |
| 跳 | 耙 | 花 | 园 | 营 | 技 | 园 | 戏 | 针 | 针 | 缝 | 品 | 狩 | 摄 |
| 球 | 利 | 画 | 针 | 活 | 魔 | 瓷 | 法 | 技 | 利 | 舞 | 栅 | 栏 | 篮 |
| 棒 | 工 | 织 | 纫 | 钓 | 缝 | 品 | 跳 | 杂 | 图 | 跳 | 足 | 蹦 | 床 |
| 拼 | 棒 | 园 | 技 | 击 | 击 | 织 | 能 | 草 | 纫 | 鱼 | 放 | 陶 | 远 |
| 影 | 篮 | 技 | 游 | 营 | 暇 | 绘 | 远 | 坪 | 潜 | 艺 | 篮 | 跳 | 纫 |
| 乐 | 钓 | 池 | 活 | 活 | 品 | 球 | 阅 | 露 | 棒 | 绘 | 图 | 吊 | 图 |
| 艺 | 绘 | 足 | 塘 | 绘 | 利 | 拼 | 艺 | 树 | 动 | 铲 | 门 | 廊 | 床 |

灌木
草坪
池塘
车库
吊床
果园
花园
杂草

软管
门廊
岩石
土壤
平台
蹦床
栅栏

# 19 - Países #2

```
墨 魔 球 游 艺 棒 鱼 老 绘 拳 读 绘 舞 巴
西 法 国 球 画 品 读 松 挞 乌 克 兰 活 基
哥 跳 魔 动 游 乐 益 放 猎 干 游 俄 罗 斯
松 技 拼 动 戏 艺 陶 露 达 牙 能 拳 坦
钓 画 鱼 击 趣 远 画 绘 能 鱼 买 技 工
影 暇 魔 猎 读 埃 葡 萄 牙 术 暇 法 加 松
影 织 读 戏 叙 塞 阅 游 拼 松 暇 瓷 术 纫
缝 乐 奥 鱼 利 俄 露 影 园 能 拳 技 利 法
丹 潜 法 地 亚 比 益 苏 纫 动 松 狩 跳 狩
麦 阿 澳 大 利 亚 爱 丹 印 度 尼 西 亚 日
益 尔 织 拳 缝 鱼 尔 狩 乐 希 腊 戏 工 本
缝 巴 狩 艺 击 园 兰 纫 能 游 远 瓷 画 乐
画 尼 篮 跳 拳 读 放 戏 织 趣 潜 瓷 球 魔
猎 亚 远 图 织 纫 鱼 拼 画 纫 动 露 猎 动
```

| | |
|---|---|
| 阿尔巴尼亚 | 日本 |
| 澳大利亚 | 老挝 |
| 奥地利 | 墨西哥 |
| 丹麦 | 巴基斯坦 |
| 埃塞俄比亚 | 葡萄牙 |
| 法国 | 俄罗斯 |
| 希腊 | 叙利亚 |
| 印度尼西亚 | 苏丹 |
| 爱尔兰 | 乌克兰 |
| 牙买加 | 乌干达 |

# 20 - Tecnología

| 营 | 潜 | 虚 | 读 | 跳 | 技 | 缝 | 图 | 法 | 钓 | 露 | 活 | 魔 | 陶 |
|---|---|---|---|---|---|---|---|---|---|---|---|---|---|
| 放 | 乐 | 能 | 拟 | 放 | 园 | 术 | 放 | 动 | 绘 | 舞 | 魔 | 营 | 益 |
| 潜 | 阅 | 营 | 陶 | 读 | 露 | 跳 | 球 | 绘 | 活 | 瓷 | 画 | 鱼 | 能 |
| 狩 | 球 | 击 | 艺 | 舞 | 活 | 园 | 缝 | 纫 | 动 | 法 | 益 | 纫 | 舞 |
| 绘 | 魔 | 缝 | 舞 | 工 | 猎 | 缝 | 击 | 针 | 工 | 园 | 拳 | 园 | 跳 |
| 文 | 件 | 跳 | 乐 | 放 | 跳 | 营 | 动 | 猎 | 瓷 | 摄 | 营 | 戏 | 露 |
| 照 | 瓷 | 信 | 息 | 跳 | 球 | 露 | 软 | 件 | 画 | 园 | 鱼 | 潜 | 足 |
| 相 | 露 | 舞 | 字 | 节 | 棒 | 针 | 能 | 营 | 猎 | 织 | 技 | 技 | 鱼 |
| 机 | 图 | 工 | 影 | 跳 | 游 | 足 | 狩 | 统 | 缝 | 纫 | 针 | 篮 | 读 |
| 光 | 标 | 篮 | 营 | 戏 | 摄 | 营 | 猎 | 计 | 画 | 互 | 联 | 网 | 活 |
| 电 | 脑 | 屏 | 阅 | 远 | 技 | 艺 | 数 | 数 | 字 | 体 | 利 | 安 | 术 |
| 读 | 舞 | 幕 | 拳 | 活 | 乐 | 放 | 博 | 据 | 浏 | 览 | 器 | 钓 | 全 |
| 动 | 狩 | 击 | 摄 | 阅 | 缝 | 研 | 客 | 钓 | 拳 | 针 | 跳 | 棒 | 瓷 |
| 暇 | 击 | 狩 | 画 | 织 | 远 | 究 | 陶 | 游 | 病 | 毒 | 技 | 绘 | 狩 |

| | |
|---|---|
| 文件 | 研究 |
| 博客 | 信息 |
| 字节 | 浏览器 |
| 照相机 | 电脑 |
| 光标 | 屏幕 |
| 数据 | 安全 |
| 数字 | 软件 |
| 统计数据 | 虚拟 |
| 字体 | 病毒 |
| 互联网 | |

# 21 - Números

| 针 | 法 | 工 | 动 | 二 | 益 | 放 | 纫 | 园 | 读 | 趣 | 陶 | 活 | 技 |
|---|---|---|---|---|---|---|---|---|---|---|---|---|---|
| 击 | 技 | 益 | 图 | 十 | 魔 | 陶 | 舞 | 猎 | 动 | 艺 | 十 | 纫 | 游 |
| 钓 | 棒 | 放 | 纫 | 读 | 放 | 狩 | 陶 | 摄 | 鱼 | 工 | 进 | 七 | 术 |
| 技 | 艺 | 棒 | 棒 | 法 | 纫 | 缝 | 魔 | 读 | 暇 | 工 | 制 | 营 | 活 |
| 远 | 绘 | 鱼 | 缝 | 能 | 利 | 狩 | 远 | 松 | 跳 | 能 | 营 | 魔 | 潜 |
| 球 | 读 | 篮 | 鱼 | 读 | 图 | 绘 | 七 | 十 | 二 | 能 | 狩 | 二 | 舞 |
| 园 | 术 | 钓 | 狩 | 戏 | 绘 | 放 | 松 | 拼 | 纫 | 猎 | 舞 | 工 | 园 |
| 放 | 十 | 八 | 技 | 松 | 绘 | 营 | 拳 | 动 | 技 | 动 | 纫 | 棒 | 缝 |
| 缝 | 四 | 鱼 | 猎 | 猎 | 针 | 暇 | 品 | 动 | 织 | 击 | 跳 | 活 | 动 |
| 舞 | 针 | 陶 | 猎 | 图 | 影 | 图 | 摄 | 乐 | 暇 | 棒 | 四 | 篮 | 活 |
| 缝 | 益 | 跳 | 织 | 能 | 益 | 织 | 魔 | 十 | 放 | 魔 | 猎 | 戏 | 狩 |
| 球 | 动 | 陶 | 技 | 缝 | 九 | 趣 | 放 | 九 | 魔 | 能 | 魔 | 拳 | 益 |
| 十 | 六 | 足 | 跳 | 跳 | 跳 | 品 | 放 | 魔 | 织 | 零 | 针 | 图 | 放 |
| 三 | 五 | 能 | 潜 | 工 | 放 | 绘 | 法 | 织 | 拳 | 图 | 瓷 | 远 | 阅 |

十四
十进制
十九
十八
十六

十七
十二
十五
十三
二十

# 22 - Mitología

| | | | | | | | | | | | | | |
|---|---|---|---|---|---|---|---|---|---|---|---|---|---|
| 战 | 士 | 拳 | 阅 | 动 | 生 | 技 | 营 | 织 | 陶 | 品 | 利 | 英 | 画 |
| 跳 | 动 | 篮 | 足 | 魔 | 物 | 鱼 | 鱼 | 法 | 益 | 闪 | 电 | 雄 | 活 |
| 不 | 朽 | 瓷 | 松 | 乐 | 乐 | 放 | 足 | 瓷 | 影 | 绘 | 陶 | 阅 | 利 |
| 棒 | 影 | 图 | 钓 | 拳 | 拼 | 跳 | 摄 | 猎 | 影 | 魔 | 摄 | 图 | 鱼 |
| 篮 | 篮 | 远 | 迷 | 宫 | 术 | 针 | 品 | 能 | 拼 | 钓 | 跳 | 陶 | 猎 |
| 陶 | 读 | 足 | 织 | 影 | 园 | 能 | 缝 | 艺 | 园 | 趣 | 戏 | 戏 | 摄 |
| 足 | 技 | 乐 | 魔 | 鱼 | 动 | 灾 | 拳 | 暇 | 益 | 跳 | 信 | 游 | 原 |
| 图 | 趣 | 绘 | 画 | 舞 | 狩 | 魔 | 难 | 行 | 为 | 嫉 | 妒 | 仰 | 型 |
| 工 | 画 | 摄 | 织 | 鱼 | 球 | 潜 | 跳 | 放 | 棒 | 陶 | 影 | 游 | 露 |
| 画 | 术 | 纫 | 复 | 仇 | 活 | 露 | 读 | 篮 | 营 | 针 | 摄 | 园 | 艺 |
| 跳 | 篮 | 拼 | 戏 | 钓 | 怪 | 文 | 篮 | 拳 | 艺 | 艺 | 阅 | 潜 | 棒 |
| 摄 | 阅 | 魔 | 传 | 说 | 物 | 化 | 露 | 戏 | 露 | 天 | 堂 | 创 | 造 |
| 猎 | 纫 | 篮 | 钓 | 瓷 | 松 | 放 | 绘 | 品 | 趣 | 画 | 营 | 工 | 潜 |
| 品 | 陶 | 阅 | 雷 | 露 | 魔 | 针 | 拼 | 凡 | 人 | 品 | 拼 | 力 | 量 |

原型
嫉妒
天堂
行为
创造
信仰
生物
文化
灾难
力量

战士
英雄
不朽
迷宫
传说
怪物
凡人
闪电
复仇

# 23 - Ecología

| | | | | | | | | | | | | |
|---|---|---|---|---|---|---|---|---|---|---|---|---|
| 暇 | 自 | 然 | 陶 | 海 | 戏 | 钓 | 跳 | 篮 | 缝 | 气 | 大 | 摄 | 击 |
| 绘 | 篮 | 品 | 利 | 洋 | 击 | 织 | 戏 | 松 | 工 | 候 | 干 | 自 | 动 |
| 棒 | 摄 | 动 | 绘 | 法 | 远 | 放 | 舞 | 拳 | 缝 | 资 | 旱 | 针 | 然 |
| 乐 | 戏 | 足 | 品 | 魔 | 绘 | 活 | 松 | 术 | 陶 | 源 | 绘 | 放 | 纫 |
| 绘 | 暇 | 放 | 读 | 棒 | 游 | 纫 | 法 | 利 | 戏 | 摄 | 绘 | 织 | 法 |
| 松 | 棒 | 针 | 读 | 技 | 缝 | 法 | 球 | 趣 | 纫 | 鱼 | 织 | 球 | 戏 |
| 活 | 游 | 拳 | 远 | 志 | 能 | 舞 | 活 | 动 | 画 | 活 | 园 | 图 | 击 |
| 球 | 钓 | 潜 | 松 | 愿 | 动 | 物 | 群 | 影 | 动 | 动 | 钓 | 术 | 益 |
| 足 | 读 | 拳 | 戏 | 者 | 乐 | 能 | 拳 | 暇 | 益 | 狩 | 法 | 法 | 艺 |
| 足 | 游 | 阅 | 鱼 | 法 | 读 | 园 | 益 | 益 | 艺 | 沼 | 泽 | 技 | 乐 |
| 图 | 趣 | 露 | 趣 | 社 | 益 | 棒 | 露 | 工 | 技 | 摄 | 影 | 植 | 棒 |
| 多 | 生 | 境 | 球 | 区 | 狩 | 跳 | 乐 | 法 | 术 | 远 | 生 | 物 | 益 |
| 狩 | 样 | 陶 | 植 | 趣 | 物 | 魔 | 棒 | 缝 | 暇 | 暇 | 绘 | 存 | 潜 |
| 球 | 画 | 性 | 被 | 工 | 种 | 拼 | 拳 | 跳 | 棒 | 能 | 活 | 织 | 暇 |

| | |
|---|---|
| 气候 | 大自然 |
| 社区 | 沼泽 |
| 多样性 | 植物 |
| 物种 | 资源 |
| 动物群 | 干旱 |
| 生境 | 生存 |
| 海洋 | 植被 |
| 自然 | 志愿者 |

# 24 - Herramientas

| | | | | | | | | | | | | |
|---|---|---|---|---|---|---|---|---|---|---|---|---|
| 品 | 能 | 狩 | 品 | 球 | 远 | 缝 | 织 | 订 | 拼 | 乐 | 车 | 轮 | 拳 |
| 织 | 法 | 活 | 益 | 艺 | 工 | 趣 | 戏 | 书 | 织 | 阅 | 戏 | 法 | 戏 |
| 园 | 棒 | 棒 | 绘 | 读 | 陶 | 剃 | 影 | 机 | 统 | 跳 | 法 | 动 | 槌 |
| 术 | 远 | 术 | 织 | 鱼 | 艺 | 刀 | 动 | 益 | 动 | 治 | 术 | 法 | 放 |
| 拼 | 针 | 拳 | 跳 | 缝 | 织 | 活 | 活 | 利 | 棒 | 园 | 者 | 陶 | 能 |
| 电 | 活 | 益 | 钓 | 放 | 画 | 活 | 松 | 拳 | 魔 | 艺 | 瓷 | 戏 | 拼 |
| 缆 | 猎 | 工 | 益 | 螺 | 戏 | 鱼 | 拼 | 放 | 画 | 舞 | 针 | 影 | 法 |
| 园 | 艺 | 火 | 炬 | 丝 | 品 | 魔 | 影 | 潜 | 活 | 缝 | 影 | 钓 | 读 |
| 缝 | 图 | 针 | 轴 | 能 | 松 | 缝 | 艺 | 园 | 技 | 球 | 瓷 | 营 | 棒 |
| 画 | 工 | 铲 | 乐 | 乐 | 远 | 游 | 缝 | 潜 | 影 | 钓 | 游 | 术 | 摄 |
| 益 | 棒 | 艺 | 陶 | 魔 | 露 | 品 | 锤 | 梯 | 猎 | 钳 | 趣 | 影 | 缝 |
| 技 | 潜 | 缝 | 露 | 工 | 缝 | 影 | 绳 | 子 | 跳 | 子 | 营 | 胶 | 戏 |
| 拳 | 暇 | 足 | 狩 | 针 | 足 | 益 | 放 | 跳 | 剪 | 刀 | 针 | 跳 | 水 |
| 击 | 品 | 狩 | 游 | 艺 | 放 | 利 | 露 | 球 | 暇 | 篮 | 法 | 技 | 纫 |

钳子
火炬
电缆
绳子
梯子
订书机
锤子

剃刀
胶水
统治者
车轮
剪刀
螺丝

# 25 - Casa

| 趣 | 厨 | 房 | 图 | 放 | 猎 | 鱼 | 画 | 卧 | 室 | 乐 | 图 | 戏 | 花 |
| 纫 | 益 | 能 | 纫 | 篮 | 猎 | 园 | 织 | 远 | 阁 | 戏 | 书 | 陶 | 园 |
| 暇 | 织 | 潜 | 远 | 织 | 画 | 品 | 跳 | 织 | 楼 | 击 | 馆 | 游 | 纫 |
| 舞 | 针 | 法 | 影 | 淋 | 浴 | 影 | 术 | 趣 | 车 | 扫 | 帚 | 游 | 跳 |
| 动 | 狩 | 鱼 | 镜 | 子 | 缝 | 钓 | 鱼 | 库 | 缝 | 露 | 松 | 园 |
| 读 | 魔 | 动 | 活 | 拼 | 足 | 游 | 纫 | 营 | 猎 | 品 | 屋 | 园 | 法 |
| 影 | 趣 | 狩 | 猎 | 松 | 图 | 影 | 拼 | 动 | 球 | 织 | 陶 | 顶 | 读 |
| 绘 | 鱼 | 放 | 球 | 利 | 益 | 舞 | 击 | 窗 | 户 | 陶 | 阅 | 益 | 法 |
| 拳 | 鱼 | 摄 | 技 | 跳 | 缝 | 能 | 露 | 读 | 品 | 摄 | 织 | 术 | 活 |
| 足 | 壁 | 艺 | 灯 | 乐 | 图 | 影 | 绘 | 球 | 地 | 篮 | 缝 | 动 | 墙 |
| 营 | 炉 | 品 | 击 | 放 | 陶 | 地 | 板 | 画 | 下 | 法 | 篮 | 拳 | 术 |
| 纫 | 针 | 活 | 能 | 技 | 地 | 瓷 | 影 | 露 | 室 | 活 | 狩 | 拼 | 游 |
| 露 | 猎 | 门 | 营 | 露 | 足 | 毯 | 栅 | 栏 | 猎 | 瓷 | 术 | 乐 | 动 |
| 织 | 画 | 松 | 动 | 技 | 瓷 | 拳 | 艺 | 龙 | 头 | 趣 | 趣 | 法 | 潜 |

| | |
|---|---|
| 地毯 | 车库 |
| 阁楼 | 龙头 |
| 图书馆 | 花园 |
| 壁炉 | 地板 |
| 厨房 | 地下室 |
| 卧室 | 屋顶 |
| 淋浴 | 栅栏 |
| 扫帚 | 窗户 |
| 镜子 | |

# 26 - Artes Visuales

| 暇 | 画 | 松 | 动 | 画 | 篮 | 绘 | 拳 | 图 | 拳 | 露 | 利 | 鱼 | 篮 |
|---|---|---|---|---|---|---|---|---|---|---|---|---|---|
| 活 | 阅 | 拼 | 雕 | 舞 | 陶 | 画 | 读 | 暇 | 戏 | 棒 | 游 | 技 | 读 |
| 创 | 造 | 力 | 暇 | 塑 | 拼 | 击 | 架 | 技 | 远 | 工 | 放 | 艺 | 阅 |
| 木 | 炭 | 杰 | 篮 | 猎 | 图 | 陶 | 艺 | 棒 | 放 | 活 | 放 | 利 | 针 |
| 陶 | 拼 | 作 | 工 | 游 | 摄 | 照 | 片 | 陶 | 阅 | 潜 | 园 | 建 | 筑 |
| 鱼 | 影 | 模 | 具 | 园 | 拳 | 戏 | 营 | 游 | 潜 | 术 | 乐 | 铅 | 笔 |
| 篮 | 拼 | 陶 | 钓 | 陶 | 远 | 潜 | 工 | 篮 | 技 | 读 | 游 | 艺 | 能 |
| 狩 | 趣 | 纫 | 陶 | 绘 | 图 | 鱼 | 钓 | 益 | 放 | 肖 | 能 | 针 | 艺 |
| 园 | 陶 | 放 | 缝 | 器 | 蜡 | 营 | 乐 | 松 | 艺 | 像 | 工 | 暇 | 术 |
| 缝 | 潜 | 针 | 动 | 拳 | 摄 | 击 | 松 | 品 | 画 | 潜 | 织 | 针 | 家 |
| 画 | 趣 | 鱼 | 阅 | 园 | 乐 | 猎 | 电 | 影 | 暇 | 球 | 钓 | 看 | 法 |
| 松 | 缝 | 鱼 | 钓 | 粘 | 土 | 远 | 能 | 舞 | 击 | 粉 | 笔 | 工 | 动 |
| 狩 | 画 | 趣 | 狩 | 魔 | 读 | 趣 | 鱼 | 拼 | 摄 | 游 | 织 | 能 | 乐 |
| 品 | 艺 | 纫 | 球 | 织 | 魔 | 读 | 潜 | 棒 | 松 | 图 | 鱼 | 阅 | 笔 |

粘土
建筑
艺术家
画架
木炭
陶器
创造力
雕塑
照片

铅笔
杰作
电影
看法
绘画
模具
肖像
粉笔

# 27 - Escuela #2

| | | | | | | | | | | | | | |
|---|---|---|---|---|---|---|---|---|---|---|---|---|---|
| 拳 | 跳 | 图 | 狩 | 暇 | 图 | 猎 | 读 | 法 | 针 | 阅 | 能 | 拼 | 纸 |
| 背 | 动 | 图 | 书 | 馆 | 钓 | 园 | 魔 | 猎 | 纫 | 影 | 园 | 活 | 乐 |
| 魔 | 包 | 读 | 能 | 品 | 潜 | 游 | 织 | 篮 | 魔 | 击 | 舞 | 松 | 击 |
| 针 | 足 | 松 | 阅 | 拳 | 鱼 | 活 | 击 | 营 | 阅 | 画 | 游 | 利 | 暇 |
| 缝 | 游 | 趣 | 读 | 剪 | 利 | 游 | 戏 | 图 | 活 | 篮 | 画 | 跳 | 乐 |
| 趣 | 魔 | 利 | 织 | 刀 | 营 | 魔 | 舞 | 棒 | 织 | 鱼 | 鱼 | 能 | 品 |
| 乐 | 能 | 老 | 狩 | 园 | 露 | 绘 | 纫 | 品 | 摄 | 松 | 日 | 历 | 魔 |
| 铅 | 织 | 师 | 跳 | 戏 | 陶 | 戏 | 跳 | 技 | 猎 | 游 | 阅 | 工 | 益 |
| 笔 | 技 | 绘 | 棒 | 画 | 暇 | 图 | 缝 | 艺 | 钓 | 篮 | 陶 | 活 | 绘 |
| 园 | 语 | 阅 | 文 | 献 | 棒 | 动 | 狩 | 织 | 营 | 总 | 朋 | 友 | 放 |
| 球 | 法 | 教 | 育 | 衣 | 服 | 潜 | 橡 | 电 | 脑 | 棒 | 线 | 舞 | 瓷 |
| 字 | 典 | 摄 | 游 | 利 | 术 | 摄 | 皮 | 织 | 暇 | 益 | 法 | 放 | 艺 |
| 科 | 潜 | 园 | 暇 | 缝 | 影 | 戏 | 绘 | 陶 | 游 | 书 | 绘 | 击 | 织 |
| 拳 | 学 | 狩 | 棒 | 鱼 | 营 | 图 | 篮 | 绘 | 活 | 籍 | 足 | 猎 | 陶 |

朋友
总线
图书馆
橡皮
日历
科学
字典
教育
语法
游戏

铅笔
阅读
书籍
文献
背包
电脑
老师
衣服
剪刀

# 28 - Selva Tropical

| | | | | | | | | | | | | | |
|---|---|---|---|---|---|---|---|---|---|---|---|---|---|
| 戏 | 击 | 避 | 足 | 植 | 物 | 鱼 | 能 | 图 | 猎 | 纫 | 技 | 画 | 图 |
| 足 | 潜 | 难 | 恢 | 复 | 足 | 针 | 图 | 远 | 园 | 有 | 球 | 织 | 游 |
| 阅 | 缝 | 所 | 品 | 钓 | 松 | 影 | 篮 | 技 | 拼 | 价 | 针 | 舞 | 活 |
| 技 | 活 | 击 | 球 | 艺 | 舞 | 绘 | 两 | 放 | 营 | 值 | 球 | 园 | 缝 |
| 放 | 球 | 摄 | 棒 | 园 | 园 | 活 | 能 | 栖 | 趣 | 的 | 篮 | 摄 | 品 |
| 跳 | 动 | 营 | 多 | 营 | 织 | 潜 | 品 | 工 | 动 | 织 | 尊 | 远 | 品 |
| 远 | 暇 | 松 | 样 | 跳 | 陶 | 狩 | 读 | 舞 | 昆 | 物 | 重 | 缝 | 暇 |
| 大 | 自 | 然 | 性 | 猎 | 织 | 术 | 活 | 露 | 虫 | 种 | 魔 | 狩 | 益 |
| 狩 | 狩 | 棒 | 利 | 缝 | 读 | 工 | 艺 | 织 | 游 | 营 | 放 | 品 | 园 |
| 哺 | 乳 | 动 | 物 | 利 | 云 | 放 | 鱼 | 生 | 利 | 社 | 绘 | 瓷 | 篮 |
| 织 | 球 | 阅 | 纫 | 拼 | 缝 | 绘 | 舞 | 保 | 存 | 区 | 营 | 益 | 暇 |
| 气 | 缝 | 图 | 陶 | 拳 | 游 | 鸟 | 类 | 球 | 图 | 动 | 营 | 篮 | 棒 |
| 针 | 候 | 艺 | 露 | 园 | 营 | 营 | 工 | 放 | 乐 | 丛 | 林 | 苔 | 藓 |
| 拳 | 鱼 | 暇 | 球 | 针 | 跳 | 影 | 瓷 | 篮 | 摄 | 拳 | 利 | 能 | 画 |

两栖动物    大自然
植物      鸟类
气候      保存
社区      避难所
多样性     尊重
物种      恢复
昆虫      丛林
哺乳动物    生存
苔藓      有价值的

# 29 - Colores

影 艺 猎 棒 足 拼 狩 阅 击 能 读 工 绘 阅
摄 摄 舞 猎 放 益 击 魔 击 影 钓 绘 鱼 游
击 缝 纫 陶 读 瓷 猎 利 跳 摄 趣 鱼 能 绘
图 球 橙 品 红 拼 影 狩 能 篮 游 戏 钓 远
粉 红 色 远 钓 瓷 跳 松 趣 缝 利 陶 读 品
青 色 动 趣 猎 针 远 跳 利 乐 放 天 魔 摄
利 白 米 纫 营 篮 乐 品 利 远 紫 蓝 色 图
暇 灰 色 画 松 利 棒 黑 黄 游 色 利 篮
能 技 放 纫 魔 术 棕 褐 色 动 舞 篮 魔 放
术 拼 暇 纫 放 纫 色 戏 瓷 能 活 乐 活 松
动 绿 图 针 术 潜 绘 营 击 潜 图 棒 拼 技
影 色 园 跳 棒 利 钓 棒 摄 技 技 陶 击 趣
营 潜 瓷 绘 篮 钓 技 紫 红 色 潜 松 纫 利
品 钓 猎 针 松 术 击 摄 工 球 舞 击 篮 击

黄色
蓝色
天蓝色
米色
白色
青色
紫红色
灰色
品红

棕色
橙色
黑色
紫色
红色
粉红色
棕褐色
绿色

# 30 - Adjetivos #1

| | | | | | | | | | | | | |
|---|---|---|---|---|---|---|---|---|---|---|---|---|
| 芳 | 暇 | 瓷 | 慷 | 绘 | 球 | 猎 | 缝 | 鱼 | 松 | 艺 | 趣 | 乐 | 戏 |
| 拼 | 香 | 乐 | 慨 | 明 | 亮 | 品 | 钓 | 现 | 完 | 美 | 舞 | 艺 | 利 |
| 击 | 拳 | 大 | 针 | 活 | 术 | 重 | 法 | 代 | 织 | 术 | 魔 | 纫 | 舞 |
| 钓 | 法 | 益 | 益 | 读 | 游 | 要 | 图 | 工 | 魔 | 营 | 狩 | 钓 | 暇 |
| 慢 | 鱼 | 读 | 有 | 价 | 值 | 的 | 跳 | 鱼 | 读 | 术 | 吸 | 引 | 力 |
| 异 | 舞 | 魔 | 乐 | 活 | 画 | 球 | 动 | 陶 | 图 | 狩 | 篮 | 篮 | 有 |
| 国 | 放 | 击 | 拳 | 益 | 陶 | 术 | 鱼 | 球 | 球 | 绘 | 营 | 无 | 雄 |
| 情 | 趣 | 足 | 摄 | 阅 | 拳 | 松 | 艺 | 远 | 舞 | 工 | 趣 | 辜 | 心 |
| 调 | 摄 | 图 | 摄 | 魔 | 术 | 魔 | 阅 | 跳 | 活 | 松 | 画 | 的 | 工 |
| 绝 | 对 | 乐 | 游 | 绘 | 纫 | 乐 | 远 | 活 | 技 | 击 | 黑 | 拼 | 针 |
| 击 | 诚 | 拼 | 潜 | 舞 | 营 | 远 | 绘 | 露 | 读 | 缝 | 暗 | 陶 | 狩 |
| 鱼 | 实 | 巨 | 大 | 的 | 技 | 摄 | 活 | 读 | 舞 | 阅 | 法 | 园 | 陶 |
| 舞 | 拳 | 针 | 利 | 击 | 法 | 年 | 活 | 舞 | 园 | 图 | 球 | 鱼 | 乐 |
| 能 | 棒 | 园 | 严 | 重 | 的 | 轻 | 乐 | 术 | 织 | 读 | 能 | 远 | 法 |

| | |
|---|---|
| 绝对 | 重要的 |
| 有雄心 | 无辜的 |
| 芳香 | 年轻 |
| 吸引力 | 现代 |
| 明亮 | 黑暗 |
| 巨大的 | 完美 |
| 异国情调 | 严重的 |
| 慷慨 | 有价值的 |
| 诚实 | |

# 31 - Familia

表 活 狩 乐 棒 利 动 艺 绘 露 园 阅 活 露
哥 瓷 父 父 活 狩 侄 孙 图 影 钓 陶 产 妇
幼 魔 魔 亲 亲 能 妻 子 艺 利 拼 术 织 拳
暇 松 益 织 的 女 活 法 游 陶 露 拼 缝 法
足 幼 阅 缝 摄 儿 陶 狩 潜 鱼 潜 影 乐 图
暇 童 术 缝 放 活 足 游 营 瓷 技 篮 画 画
陶 年 织 瓷 丈 夫 摄 绘 戏 游 艺 图 工
足 幼 摄 魔 暇 图 魔 艺 幼 缝 法 拼 暇 足
露 远 魔 针 鱼 击 松 钓 动 活 棒 棒 拼 侄
益 营 足 姐 姐 利 足 品 趣 猎 跳 松 阿 女
叔 叔 松 摄 利 园 缝 松 缝 画 幼 影 姨 钓
魔 舞 松 技 球 读 狩 工 松 摄 乐 摄 动 陶
孩 祖 先 营 织 狩 品 暇 能 击 能 画 放 术
子 父 技 拼 潜 织 祖 母 亲 兄 弟 鱼 针 营

祖母
祖父
祖先
妻子
姐姐
兄弟
女儿
童年
母亲
丈夫

产妇
孙子
孩子
父亲
父亲的
表哥
侄女子
侄子
阿姨
叔叔

# 32 - Disciplinas Científicas

| 跳 | 钓 | 潜 | 图 | 拼 | 语 | 篮 | 游 | 动 | 动 | 舞 | 潜 | 钓 | 篮 |
|---|---|---|---|---|---|---|---|---|---|---|---|---|---|
| 鱼 | 摄 | 松 | 纫 | 远 | 言 | 瓷 | 品 | 拳 | 绘 | 动 | 营 | 球 | 画 |
| 放 | 狩 | 足 | 考 | 古 | 学 | 舞 | 乐 | 瓷 | 棒 | 拳 | 魔 | 生 | 乐 |
| 趣 | 击 | 天 | 织 | 趣 | 影 | 动 | 法 | 免 | 远 | 阅 | 动 | 物 | 学 |
| 图 | 钓 | 文 | 潜 | 读 | 能 | 舞 | 露 | 疫 | 舞 | 活 | 化 | 学 | 缝 |
| 心 | 理 | 学 | 乐 | 跳 | 篮 | 地 | 质 | 学 | 缝 | 陶 | 跳 | 棒 | 图 |
| 矿 | 植 | 生 | 气 | 纫 | 画 | 棒 | 远 | 击 | 放 | 击 | 工 | 能 | 术 |
| 物 | 针 | 物 | 象 | 画 | 篮 | 动 | 图 | 足 | 钓 | 远 | 放 | 乐 | 魔 |
| 学 | 活 | 化 | 学 | 摄 | 球 | 棒 | 品 | 术 | 益 | 读 | 跳 | 狩 | 织 |
| 阅 | 远 | 学 | 阅 | 松 | 技 | 足 | 游 | 鱼 | 放 | 阅 | 解 | 狩 | 品 |
| 松 | 益 | 能 | 影 | 暇 | 画 | 画 | 松 | 益 | 鱼 | 跳 | 纫 | 剖 | 击 |
| 潜 | 益 | 纫 | 社 | 术 | 法 | 猎 | 趣 | 暇 | 击 | 术 | 生 | 理 | 学 |
| 神 | 经 | 学 | 摄 | 会 | 热 | 力 | 学 | 园 | 篮 | 魔 | 态 | 术 | 营 |
| 魔 | 棒 | 缝 | 乐 | 益 | 学 | 学 | 艺 | 针 | 园 | 游 | 学 | 拳 | 艺 |

解剖学
考古学
天文学
生物学
生物化学
植物学
生态学
生理学
地质学
免疫学

语言学
力学
气象学
矿物学
神经学
心理学
化学
社会学
热力学
动物学

# 33 - Gatos

画 睡 摄 好 奇 织 拳 利 益 纫 乐 狩 术 缝
摄 术 觉 玩 趣 益 园 纱 戏 球 猎 舞 猎 术
益 拼 潜 的 尾 潜 棒 露 影 缝 缝 跳 图 戏
织 阅 猎 画 巴 营 戏 拼 球 狩 拳 艺 趣 活
舞 球 织 摄 纫 绘 园 露 阅 品 纫 击 利 绘
猎 松 疯 动 营 摄 棒 摄 品 读 有 球 读
能 人 狂 陶 绘 暇 魔 织 魔 远 潜 趣 拼 工
害 羞 的 工 跳 潜 乐 猎 钓 松 法 画 摄 趣
放 棒 棒 缝 术 画 松 益 动 跳 画 拳 鼠
织 松 画 舞 图 独 立 戏 乐 术 术 乐 毛 皮
棒 猎 陶 拳 魔 足 荒 野 利 画 远 工 跳 远
趣 摄 个 爪 阅 摄 拳 画 益 术 乐 画 远 动
品 影 性 子 拼 画 能 戏 拳 钓 棒 游 潜 猎
松 影 鱼 陶 乐 潜 钓 读 松 艺 瓷 击 暇 瓷

猎人　　　　　疯狂的
尾巴　　　　　爪子
好奇　　　　　个性
睡觉　　　　　毛皮
有趣　　　　　荒野
独立　　　　　害羞
好玩的

# 34 - Cocina

| | | | | | | | | | | | | | |
|---|---|---|---|---|---|---|---|---|---|---|---|---|---|
| 水 | 技 | 戏 | 瓷 | 餐 | 巾 | 钓 | 魔 | 跳 | 香 | 游 | 拼 | 松 | 露 |
| 壶 | 织 | 暇 | 瓷 | 园 | 艺 | 绘 | 狩 | 活 | 围 | 料 | 绘 | 舞 | 益 |
| 放 | 篮 | 猎 | 筷 | 勺 | 子 | 能 | 益 | 足 | 织 | 裙 | 鱼 | 拳 | 远 |
| 食 | 图 | 杯 | 子 | 术 | 魔 | 潜 | 狩 | 利 | 织 | 魔 | 狩 | 动 | 技 |
| 拳 | 物 | 露 | 放 | 阅 | 针 | 露 | 工 | 艺 | 猎 | 击 | 棒 | 拼 | 技 |
| 陶 | 足 | 读 | 狩 | 营 | 营 | 烧 | 工 | 球 | 利 | 技 | 读 | 松 | 乐 |
| 影 | 园 | 缝 | 艺 | 球 | 魔 | 跳 | 箱 | 跳 | 影 | 缝 | 棒 | 乐 | 艺 |
| 罐 | 潜 | 营 | 舞 | 魔 | 绘 | 壶 | 足 | 舞 | 图 | 球 | 活 | 拼 |   |
| 食 | 陶 | 益 | 戏 | 瓷 | 利 | 工 | 园 | 击 | 技 | 读 | 足 | 潜 |   |
| 谱 | 暇 | 织 | 图 | 暇 | 钓 | 戏 | 冰 | 针 | 舞 | 陶 | 潜 | 海 |   |
| 图 | 戏 | 戏 | 狩 | 击 | 利 | 篮 | 箱 | 利 | 松 | 暇 | 纫 | 绵 |   |
| 陶 | 球 | 营 | 跳 | 拼 | 摄 | 刀 | 趣 | 碗 | 陶 | 术 | 工 | 露 |   |
| 棒 | 瓷 | 读 | 织 | 影 | 绘 | 叉 | 画 | 营 | 艺 | 足 | 利 | 工 | 技 |
| 拳 | 活 | 拼 | 球 | 园 | 画 | 魔 | 图 | 狩 | 缝 | 戏 | 利 | 动 | 乐 | 术 |

水壶
食物
勺子
围裙
香料
海绵
烤箱

筷子
烧烤
食谱
冰箱
餐巾
杯子

| 动 | 影 | 园 | 答 | 纸 | 营 | 乐 | 阅 | 摄 | 猎 | 品 | 课 | 钓 | 法 |
|---|---|---|---|---|---|---|---|---|---|---|---|---|---|
| 考 | 试 | 乐 | 案 | 艺 | 摄 | 足 | 品 | 能 | 字 | 营 | 堂 | 活 | 品 |
| 法 | 乐 | 趣 | 游 | 狩 | 棒 | 缝 | 篮 | 织 | 营 | 母 | 法 | 钓 | 利 |
| 跳 | 棒 | 活 | 猎 | 陶 | 松 | 活 | 乐 | 魔 | 艺 | 拼 | 影 | 针 | 狩 |
| 图 | 露 | 球 | 瓷 | 乐 | 缝 | 技 | 读 | 技 | 击 | 松 | 鱼 | 利 | 游 |
| 图 | 钓 | 法 | 朋 | 午 | 能 | 篮 | 老 | 幼 | 足 | 鱼 | 画 | 椅 | 子 |
| 拳 | 营 | 营 | 友 | 营 | 餐 | 狩 | 师 | 拼 | 猎 | 测 | 验 | 击 | 趣 |
| 球 | 魔 | 瓷 | 术 | 画 | 拳 | 棒 | 针 | 摄 | 针 | 露 | 露 | 影 | 技 |
| 足 | 读 | 拳 | 书 | 籍 | 游 | 数 | 铅 | 笔 | 乐 | 幼 | 文 | 件 | 夹 |
| 拼 | 趣 | 动 | 益 | 暇 | 拳 | 学 | 字 | 动 | 画 | 阅 | 针 | 营 | 针 |
| 活 | 工 | 足 | 棒 | 品 | 幼 | 拼 | 画 | 拳 | 暇 | 钓 | 棒 | 跳 | 法 |
| 足 | 鱼 | 阅 | 足 | 益 | 利 | 放 | 艺 | 击 | 游 | 暇 | 拼 | 标 | 记 |
| 猎 | 乐 | 球 | 远 | 读 | 猎 | 艺 | 影 | 露 | 暇 | 暇 | 织 | 画 | 工 |
| 摄 | 露 | 术 | 跳 | 益 | 图 | 书 | 馆 | 艺 | 钓 | 击 | 摄 | 缝 | 能 |

字母
午餐
朋友
课堂
图书馆
文件夹
乐趣
测验
考试

铅笔
书籍
标记
数学
数字
老师
答案
椅子

# 36 - Adjetivos #2

| | | | | | | | | | | | | |
|---|---|---|---|---|---|---|---|---|---|---|---|---|
| 著 | 艺 | 阅 | 艺 | 技 | 有 | 趣 | 绘 | 食 | 画 | 新 | 趣 | 跳 | 趣 |
| 名 | 益 | 描 | 述 | 性 | 的 | 戏 | 剧 | 性 | 用 | 鲜 | 干 | 利 | 跳 |
| 的 | 画 | 缝 | 动 | 图 | 放 | 利 | 针 | 舞 | 纫 | 缝 | 园 | 读 | 读 |
| 趣 | 猎 | 活 | 猎 | 咸 | 露 | 趣 | 鱼 | 舞 | 击 | 露 | 营 | 乐 | 拼 |
| 读 | 乐 | 狩 | 阅 | 影 | 摄 | 乐 | 游 | 击 | 摄 | 舞 | 优 | 钓 | 拳 |
| 远 | 戏 | 术 | 暇 | 狩 | 利 | 健 | 益 | 陶 | 舞 | 品 | 骄 | 雅 | 乐 |
| 辣 | 纫 | 摄 | 缝 | 艺 | 击 | 康 | 影 | 读 | 拳 | 露 | 营 | 傲 | 拼 |
| 技 | 技 | 陶 | 品 | 读 | 陶 | 织 | 拼 | 缝 | 缝 | 品 | 瓷 | 生 | 园 |
| 击 | 远 | 暇 | 图 | 拼 | 舞 | 负 | 画 | 技 | 针 | 放 | 球 | 产 | 活 |
| 缝 | 织 | 戏 | 狩 | 创 | 意 | 责 | 新 | 的 | 术 | 游 | 强 | 力 | 品 |
| 术 | 趣 | 针 | 露 | 自 | 然 | 猎 | 跳 | 拼 | 远 | 乐 | 鱼 | 狩 | 技 |
| 趣 | 暇 | 暇 | 跳 | 趣 | 正 | 常 | 工 | 动 | 游 | 技 | 暇 | 能 | 狩 |
| 陶 | 品 | 艺 | 篮 | 影 | 跳 | 园 | 篮 | 法 | 潜 | 钓 | 趣 | 魔 | 戏 |
| 陶 | 暇 | 潜 | 术 | 拳 | 摄 | 陶 | 累 | 球 | 游 | 法 | 园 | 游 | 趣 |

食用　　　　　　　　自然
创意　　　　　　　　正常
描述性的　　　　　　新的
戏剧性　　　　　　　骄傲
优雅　　　　　　　　生产力
著名的　　　　　　　负责
新鲜　　　　　　　　健康
有趣

# 37 - Cuerpo Humano

| | | | | | | | | | | | | | |
|---|---|---|---|---|---|---|---|---|---|---|---|---|---|
| 游 | 篮 | 猎 | 织 | 织 | 脸 | 乐 | 乐 | 陶 | 动 | 缝 | 营 | 游 | 拳 |
| 织 | 乐 | 趣 | 肘 | 部 | 拳 | 园 | 缝 | 游 | 品 | 猎 | 画 | 动 | 营 |
| 篮 | 球 | 舞 | 摄 | 暇 | 利 | 读 | 乐 | 魔 | 工 | 拳 | 趣 | 陶 | 影 |
| 乐 | 心 | 读 | 皮 | 拼 | 嘴 | 摄 | 影 | 缝 | 陶 | 园 | 脖 | 活 | 益 |
| 术 | 球 | 法 | 摄 | 肤 | 织 | 陶 | 棒 | 足 | 狩 | 鼻 | 子 | 眼 | 猎 |
| 绘 | 读 | 益 | 脑 | 暇 | 绘 | 耳 | 猎 | 远 | 趣 | 针 | 足 | 手 | 睛 |
| 图 | 潜 | 能 | 下 | 图 | 品 | 朵 | 绘 | 魔 | 缝 | 击 | 钓 | 指 | 潜 |
| 乐 | 棒 | 松 | 巴 | 阅 | 画 | 术 | 艺 | 艺 | 利 | 钓 | 影 | 戏 | 阅 |
| 营 | 棒 | 戏 | 品 | 血 | 露 | 舞 | 益 | 术 | 趣 | 放 | 棒 | 营 |  |
| 技 | 利 | 球 | 画 | 陶 | 狩 | 工 | 猎 | 篮 | 技 | 拼 | 松 | 击 | 法 |
| 跳 | 暇 | 动 | 瓷 | 陶 | 踝 | 图 | 肩 | 艺 | 乐 | 游 | 鱼 | 远 | 放 |
| 放 | 松 | 绘 | 舌 | 松 | 钓 | 活 | 技 | 膀 | 手 | 魔 | 动 | 读 | 鱼 |
| 膝 | 盖 | 技 | 头 | 艺 | 腿 | 钓 | 艺 | 园 | 艺 | 营 | 乐 | 猎 | 营 |
| 图 | 游 | 拳 | 技 | 绘 | 拼 | 跳 | 球 | 舞 | 艺 | 拼 | 钓 | 足 | 乐 |

下巴
肘部
脖子
手指
肩膀
舌头

鼻子
眼睛
耳朵
皮肤
膝盖

# 38 - Ciencia

| 动 | 生 | 乐 | 拳 | 数 | 据 | 矿 | 物 | 动 | 大 | 自 | 然 | 松 | 艺 |
|---|---|---|---|---|---|---|---|---|---|---|---|---|---|
| 植 | 物 | 鱼 | 品 | 画 | 猎 | 针 | 理 | 松 | 狩 | 戏 | 方 | 法 | 放 |
| 技 | 动 | 趣 | 潜 | 织 | 绘 | 摄 | 活 | 活 | 陶 | 松 | 纫 | 品 | 潜 |
| 法 | 艺 | 钓 | 松 | 足 | 篮 | 松 | 松 | 绘 | 狩 | 球 | 活 | 陶 | 球 |
| 击 | 乐 | 品 | 游 | 拼 | 游 | 纫 | 鱼 | 利 | 分 | 露 | 艺 | 动 | 益 |
| 影 | 拳 | 篮 | 潜 | 科 | 足 | 营 | 跳 | 露 | 子 | 鱼 | 舞 | 潜 | 活 |
| 进 | 狩 | 击 | 营 | 学 | 戏 | 陶 | 针 | 织 | 图 | 露 | 狩 | 篮 |
| 暇 | 化 | 工 | 球 | 家 | 跳 | 游 | 读 | 跳 | 乐 | 远 | 暇 | 品 | 纫 |
| 粒 | 学 | 影 | 狩 | 绘 | 拳 | 术 | 阅 | 重 | 益 | 跳 | 游 | 园 |
| 子 | 的 | 园 | 读 | 松 | 瓷 | 棒 | 图 | 绘 | 力 | 放 | 画 | 摄 | 活 |
| 魔 | 舞 | 品 | 活 | 松 | 魔 | 击 | 狩 | 化 | 事 | 图 | 术 | 纫 | 鱼 |
| 实 | 术 | 篮 | 法 | 魔 | 画 | 动 | 远 | 石 | 实 | 原 | 篮 | 读 | 钓 |
| 验 | 验 | 气 | 纫 | 摄 | 针 | 技 | 狩 | 舞 | 篮 | 子 | 松 | 读 | 摄 |
| 钓 | 摄 | 室 | 候 | 假 | 设 | 能 | 远 | 缝 | 术 | 陶 | 跳 | 利 | 纫 |

| | |
|---|---|
| 原子 | 假设 |
| 科学家 | 实验室 |
| 气候 | 方法 |
| 数据 | 矿物 |
| 进化 | 分子 |
| 实验 | 大自然 |
| 物理 | 生物 |
| 化石 | 粒子 |
| 重力 | 植物 |
| 事实 | 化学的 |

# 39 - Dinosaurios

| | | | | | | | | | | | | |
|---|---|---|---|---|---|---|---|---|---|---|---|---|
| 戏 | 绘 | 工 | 趣 | 游 | 跳 | 猛 | 篮 | 跳 | 舞 | 击 | 杂 | 篮 | 能 |
| 影 | 食 | 草 | 动 | 物 | 品 | 犸 | 暇 | 钓 | 缝 | 能 | 食 | 营 | 法 |
| 拳 | 肉 | 益 | 击 | 远 | 阅 | 象 | 乐 | 暇 | 工 | 地 | 动 | 松 | 绘 |
| 篮 | 动 | 艺 | 动 | 读 | 能 | 阅 | 画 | 技 | 画 | 球 | 物 | 棒 | 魔 |
| 消 | 物 | 种 | 放 | 陶 | 戏 | 击 | 尺 | 织 | 趣 | 足 | 击 | 强 | 暇 |
| 图 | 失 | 营 | 拼 | 进 | 击 | 影 | 寸 | 能 | 画 | 缝 | 篮 | 大 | 趣 |
| 图 | 纫 | 利 | 拼 | 动 | 化 | 松 | 技 | 术 | 园 | 恶 | 毒 | 史 | 前 |
| 松 | 趣 | 拳 | 游 | 跳 | 石 | 活 | 跳 | 足 | 图 | 狩 | 鱼 | 击 | 艺 |
| 艺 | 游 | 能 | 翅 | 膀 | 术 | 暇 | 露 | 工 | 潜 | 工 | 松 | 球 | 大 |
| 篮 | 跳 | 图 | 远 | 利 | 鱼 | 舞 | 趣 | 缝 | 尾 | 动 | 跳 | 技 | 巨 |
| 读 | 缝 | 织 | 拳 | 利 | 魔 | 猎 | 猛 | 禽 | 巴 | 棒 | 益 | 图 | 大 |
| 图 | 绘 | 趣 | 工 | 爬 | 行 | 动 | 物 | 技 | 品 | 游 | 缝 | 读 | 园 |
| 趣 | 棒 | 露 | 足 | 潜 | 远 | 能 | 篮 | 针 | 品 | 影 | 品 | 瓷 | 击 |
| 针 | 瓷 | 陶 | 活 | 陶 | 读 | 暇 | 鱼 | 足 | 钓 | 鱼 | 乐 | 动 | 跳 |

翅膀 　　　　　　　杂食动物
食肉动物 　　　　强大
尾巴 　　　　　　　史前
消失 　　　　　　　猎物
巨大 　　　　　　　猛禽
物种 　　　　　　　爬行动物
进化 　　　　　　　尺寸
化石 　　　　　　　地球
食草动物 　　　　恶毒
猛犸象

| | | | | | | | | | | | | | |
|---|---|---|---|---|---|---|---|---|---|---|---|---|---|
| 陶 | 足 | 动 | 动 | 影 | 利 | 品 | 猎 | 足 | 潜 | 法 | 织 | 棒 | 园 |
| 潜 | 戏 | 松 | 松 | 艺 | 放 | 法 | 乐 | 魔 | 织 | 技 | 缝 | 叉 | 椅 |
| 鱼 | 读 | 工 | 活 | 动 | 足 | 猎 | 钓 | 利 | 益 | 园 | 活 | 阅 | 子 |
| 球 | 工 | 勺 | 远 | 园 | 跳 | 纫 | 足 | 魔 | 拳 | 拳 | 陶 | 营 | 能 |
| 拼 | 织 | 子 | 读 | 绘 | 织 | 技 | 绘 | 舞 | 服 | 纫 | 图 | 动 | 狩 |
| 开 | 胃 | 菜 | 园 | 乐 | 工 | 鱼 | 织 | 棒 | 务 | 拼 | 戏 | 营 | 术 |
| 动 | 利 | 钓 | 针 | 阅 | 工 | 园 | 能 | 蔬 | 员 | 松 | 露 | 晚 | 拳 |
| 跳 | 图 | 篮 | 暇 | 术 | 击 | 盐 | 暇 | 菜 | 针 | 水 | 午 | 餐 | 魔 |
| 陶 | 益 | 戏 | 篮 | 术 | 品 | 钓 | 鱼 | 织 | 露 | 果 | 利 | 缝 | 缝 |
| 缝 | 针 | 园 | 远 | 冰 | 动 | 饮 | 料 | 瓷 | 益 | 棒 | 击 | 香 | 球 |
| 汤 | 潜 | 益 | 工 | 拳 | 舞 | 松 | 沙 | 影 | 篮 | 跳 | 美 | 料 | 技 |
| 绘 | 缝 | 摄 | 工 | 园 | 画 | 绘 | 球 | 拉 | 营 | 猎 | 味 | 读 | 乐 |
| 艺 | 猎 | 棒 | 织 | 品 | 法 | 篮 | 狩 | 活 | 乐 | 蛋 | 瓷 | 魔 | 园 |
| 暇 | 读 | 舞 | 活 | 暇 | 能 | 工 | 钓 | 拳 | 钓 | 活 | 糕 | 术 | 跳 |

午餐
开胃菜
饮料
服务员
晚餐
勺子
美味

沙拉
香料
水果
蛋糕
椅子
叉子
蔬菜

# 41 - Profesiones #1

| 珠 | 编 | 辑 | 魔 | 针 | 影 | 品 | 能 | 图 | 舞 | 艺 | 运 | 动 | 员 |
|---|---|---|---|---|---|---|---|---|---|---|---|---|---|
| 园 | 宝 | 跳 | 潜 | 音 | 乐 | 家 | 艺 | 放 | 能 | 大 | 品 | 缝 | 纫 |
| 品 | 陶 | 商 | 动 | 潜 | 拳 | 动 | 趣 | 影 | 露 | 乐 | 使 | 银 | 绘 |
| 影 | 读 | 术 | 松 | 法 | 针 | 拳 | 摄 | 远 | 术 | 读 | 戏 | 行 | 利 |
| 瓷 | 足 | 活 | 露 | 足 | 动 | 绘 | 纫 | 天 | 心 | 理 | 学 | 家 | 狩 |
| 暇 | 跳 | 猎 | 游 | 护 | 士 | 远 | 画 | 文 | 益 | 拳 | 绘 | 纫 | 露 |
| 趣 | 绘 | 画 | 远 | 钓 | 乐 | 地 | 质 | 学 | 家 | 园 | 球 | 摄 | 针 |
| 拳 | 制 | 益 | 缝 | 乐 | 棒 | 钢 | 琴 | 家 | 影 | 活 | 影 | 鱼 | 教 |
| 动 | 消 | 图 | 营 | 放 | 钓 | 鱼 | 拼 | 狩 | 鱼 | 瓷 | 猎 | 品 | 练 |
| 狩 | 防 | 律 | 师 | 园 | 篮 | 鱼 | 松 | 绘 | 松 | 图 | 纫 | 读 | 阅 |
| 舞 | 队 | 趣 | 钓 | 球 | 法 | 松 | 摄 | 趣 | 针 | 拳 | 利 | 足 | 园 |
| 蹈 | 员 | 松 | 潜 | 球 | 远 | 远 | 趣 | 术 | 狩 | 跳 | 法 | 益 | 陶 |
| 家 | 乐 | 兽 | 魔 | 绘 | 能 | 远 | 能 | 园 | 纫 | 水 | 管 | 工 | 魔 |
| 园 | 益 | 医 | 生 | 猎 | 人 | 魔 | 园 | 阅 | 球 | 松 | 影 | 拼 | 益 |

律师     大使
天文学家   护士
运动员    教练
舞蹈家    水管工
银行家    地质学家
消防队员   珠宝商
制图师    音乐家
猎人     钢琴家
医生     心理学家
编辑     兽医

# 42 - Vehículos

| 园 | 园 | 营 | 品 | 地 | 足 | 击 | 纫 | 画 | 鱼 | 阅 | 球 | 足 | 救 |
|---|---|---|---|---|---|---|---|---|---|---|---|---|---|
| 潜 | 松 | 纫 | 影 | 铁 | 能 | 艺 | 活 | 读 | 术 | 画 | 法 | 棒 | 护 |
| 艺 | 拼 | 棒 | 拼 | 狩 | 猎 | 暇 | 火 | 箭 | 陶 | 工 | 品 | 潜 | 车 |
| 跳 | 艺 | 魔 | 阅 | 猎 | 跳 | 针 | 营 | 图 | 拼 | 动 | 潜 | 马 | 松 |
| 绘 | 猎 | 钓 | 艺 | 鱼 | 乐 | 总 | 鱼 | 读 | 松 | 品 | 出 | 达 | 动 |
| 拼 | 陶 | 工 | 火 | 舞 | 能 | 线 | 舞 | 纫 | 钓 | 纫 | 缝 | 租 | 汽 |
| 影 | 织 | 足 | 车 | 益 | 乐 | 法 | 益 | 魔 | 能 | 直 | 大 | 篷 | 车 |
| 钓 | 自 | 瓷 | 拼 | 瓷 | 工 | 潜 | 艺 | 足 | 技 | 升 | 暇 | 篮 | 鱼 |
| 利 | 击 | 行 | 货 | 暇 | 动 | 戏 | 露 | 鱼 | 舞 | 机 | 暇 | 能 | 纫 |
| 潜 | 品 | 船 | 车 | 潜 | 拳 | 篮 | 筏 | 棒 | 阅 | 乐 | 瓷 | 纫 | 舞 |
| 艇 | 篮 | 拳 | 球 | 潜 | 潜 | 卡 | 活 | 舞 | 图 | 能 | 击 | 读 | 棒 |
| 绘 | 跳 | 暇 | 术 | 猎 | 拖 | 远 | 车 | 织 | 渡 | 轮 | 胎 | 品 | 戏 |
| 足 | 猎 | 园 | 魔 | 工 | 拉 | 跳 | 露 | 鱼 | 乐 | 舞 | 猎 | 瓷 | 露 |
| 暇 | 动 | 画 | 动 | 飞 | 机 | 园 | 露 | 动 | 魔 | 乐 | 术 | 营 | 戏 |

| | |
|---|---|
| 救护车 | 货车 |
| 总线 | 直升机 |
| 飞机 | 地铁 |
| 自行车 | 马达 |
| 卡车 | 轮胎 |
| 大篷车 | 潜艇 |
| 汽车 | 出租车 |
| 火箭 | 拖拉机 |
| 渡轮 | 火车 |

# 43 - Vacaciones #2

| 露 | 能 | 远 | 瓷 | 潜 | 戏 | 钓 | 餐 | 厅 | 假 | 猎 | 园 | 乐 | 针 |
|---|---|---|---|---|---|---|---|---|---|---|---|---|---|
| 露 | 品 | 动 | 技 | 护 | 火 | 园 | 乐 | 舞 | 期 | 棒 | 海 | 术 | 能 |
| 绘 | 狩 | 趣 | 阅 | 照 | 利 | 车 | 影 | 露 | 瓷 | 远 | 足 | 能 | 术 |
| 拳 | 技 | 足 | 画 | 片 | 出 | 租 | 车 | 旅 | 摄 | 瓷 | 击 | 鱼 | 法 |
| 瓷 | 织 | 阅 | 钓 | 目 | 的 | 地 | 图 | 程 | 外 | 舞 | 绘 | 利 | 绘 |
| 钓 | 钓 | 技 | 图 | 画 | 魔 | 酒 | 暇 | 拼 | 国 | 利 | 画 | 拼 | 品 |
| 戏 | 潜 | 戏 | 影 | 跳 | 舞 | 店 | 跳 | 暇 | 人 | 露 | 营 | 放 | 动 |
| 陶 | 篮 | 影 | 远 | 益 | 棒 | 拳 | 织 | 舞 | 露 | 签 | 证 | 趣 | 绘 |
| 陶 | 瓷 | 活 | 跳 | 猎 | 园 | 术 | 棒 | 跳 | 绘 | 营 | 鱼 | 瓷 | 陶 |
| 跳 | 陶 | 露 | 潜 | 狩 | 篮 | 纫 | 跳 | 艺 | 球 | 营 | 鱼 | 帐 | 陶 |
| 机 | 摄 | 读 | 篮 | 狩 | 影 | 法 | 读 | 棒 | 品 | 摄 | 活 | 篷 | 技 |
| 术 | 场 | 乐 | 能 | 能 | 法 | 趣 | 绘 | 陶 | 园 | 阅 | 术 | 益 | 运 |
| 舞 | 图 | 读 | 放 | 球 | 击 | 瓷 | 暇 | 海 | 滩 | 瓷 | 艺 | 钓 | 输 |
| 戏 | 品 | 游 | 跳 | 拼 | 绘 | 魔 | 钓 | 动 | 魔 | 岛 | 露 | 品 | 暇 |

机场
露营
帐篷
目的地
外国人
照片
酒店
地图
护照

海滩
餐厅
出租车
运输
火车
假期
旅程
签证

# 44 - Cumpleaños

拳 球 牌 画 日 特 别 园 暇 狩 潜 影 读 游
朋 狩 篮 益 跳 露 绘 品 技 游 绘 跳 工 动
友 摄 松 利 工 缝 纫 魔 魔 猎 快 乐 活 阅
益 潜 拼 乐 针 纫 工 礼 篮 狩 邀 趣 技 趣
时 回 猎 放 纫 活 绘 物 纫 针 请 利 拳 潜
间 忆 纫 术 潜 绘 营 钓 跳 纫 函 舞 松 潜
球 读 松 露 术 法 狩 针 益 游 放 舞 篮 狩
趣 园 歌 松 鱼 图 露 潜 露 蜡 阅 出 影 工
图 庆 曲 营 狩 画 篮 工 艺 烛 露 拼 生 暇
活 祝 露 拳 拼 游 陶 拳 法 读 露 拼 露 跳
益 智 年 轻 篮 益 绘 魔 阅 潜 能 活 艺 篮
跳 织 慧 潜 棒 魔 工 蛋 摄 艺 鱼 棒 乐 游
纫 摄 日 益 击 动 法 糕 年 潜 画 针 乐 棒
拳 趣 历 魔 摄 趣 足 拼 乐 活 球 动 织 缝

朋友
日历
歌曲
庆祝
乐趣
特别
快乐
邀请函

年轻
出生
蛋糕
回忆
礼物
智慧
时间
蜡烛

# 45 - Baile

| 活 | 益 | 术 | 利 | 技 | 缝 | 节 | 读 | 足 | 针 | 富 | 猎 | 拼 | 学 |
|---|---|---|---|---|---|---|---|---|---|---|---|---|---|
| 魔 | 古 | 绘 | 魔 | 针 | 传 | 图 | 奏 | 品 | 鱼 | 有 | 瓷 | 乐 | 院 |
| 艺 | 典 | 图 | 足 | 击 | 统 | 鱼 | 益 | 松 | 放 | 表 | 营 | 益 | 狩 |
| 益 | 摄 | 露 | 缝 | 舞 | 的 | 绘 | 阅 | 姿 | 跳 | 现 | 法 | 绘 | 读 |
| 狩 | 钓 | 松 | 优 | 远 | 猎 | 远 | 法 | 游 | 势 | 力 | 营 | 足 | 篮 |
| 球 | 远 | 园 | 雅 | 营 | 棒 | 情 | 品 | 利 | 动 | 潜 | 营 | 活 | 跳 |
| 动 | 钓 | 篮 | 魔 | 阅 | 钓 | 感 | 工 | 针 | 营 | 摄 | 营 | 利 | 伙 |
| 视 | 觉 | 的 | 身 | 远 | 工 | 舞 | 球 | 动 | 益 | 舞 | 纫 | 狩 | 伴 |
| 动 | 暇 | 编 | 体 | 拼 | 读 | 暇 | 艺 | 拼 | 法 | 松 | 暇 | 画 | 针 |
| 足 | 舞 | 舞 | 法 | 猎 | 棒 | 文 | 化 | 乐 | 园 | 工 | 影 | 游 | 足 |
| 技 | 球 | 击 | 拳 | 拼 | 鱼 | 猎 | 摄 | 运 | 松 | 暇 | 趣 | 潜 | 放 |
| 鱼 | 松 | 快 | 音 | 舞 | 营 | 织 | 篮 | 动 | 戏 | 陶 | 魔 | 击 | 击 |
| 篮 | 拼 | 魔 | 乐 | 工 | 纫 | 艺 | 棒 | 拼 | 放 | 放 | 艺 | 能 | 纫 |
| 魔 | 舞 | 潜 | 游 | 狩 | 球 | 术 | 缝 | 击 | 阅 | 钓 | 缝 | 艺 | 瓷 |

学院
快乐
艺术
古典
编舞
身体
文化
情感
富有表现力

优雅
运动
音乐
姿势
节奏
伙伴
传统的
视觉的

# 46 - Matemáticas

| 分 | 拼 | 狩 | 艺 | 读 | 魔 | 活 | 活 | 平 | 舞 | 阅 | 跳 | 鱼 | 趣 |
| 数 | 画 | 品 | 法 | 趣 | 露 | 画 | 利 | 利 | 行 | 击 | 动 | 方 | 程 |
| 益 | 纫 | 足 | 远 | 算 | 术 | 暇 | 远 | 猎 | 鱼 | 四 | 暇 | 阅 | 乐 |
| 对 | 称 | 远 | 工 | 术 | 篮 | 活 | 技 | 法 | 趣 | 品 | 边 | 法 | 足 |
| 魔 | 篮 | 利 | 鱼 | 垂 | 直 | 魔 | 陶 | 卷 | 能 | 足 | 周 | 形 | 品 |
| 球 | 针 | 乐 | 篮 | 足 | 径 | 狩 | 品 | 工 | 指 | 法 | 矩 | 长 | 术 |
| 远 | 拳 | 放 | 篮 | 拳 | 能 | 利 | 读 | 露 | 数 | 读 | 形 | 棒 | 松 |
| 纫 | 暇 | 陶 | 园 | 几 | 益 | 球 | 影 | 击 | 钓 | 法 | 三 | 角 | 形 |
| 棒 | 远 | 纫 | 跳 | 何 | 图 | 跳 | 摄 | 乐 | 趣 | 利 | 工 | 度 | 平 |
| 戏 | 舞 | 半 | 利 | 学 | 放 | 潜 | 织 | 利 | 陶 | 狩 | 纫 | 乐 | 行 |
| 戏 | 艺 | 径 | 乐 | 工 | 多 | 边 | 形 | 能 | 动 | 拳 | 鱼 | 魔 | 绘 |
| 趣 | 缝 | 露 | 益 | 工 | 松 | 数 | 艺 | 舞 | 艺 | 利 | 陶 | 暇 | 乐 |
| 魔 | 戏 | 图 | 画 | 益 | 针 | 舞 | 字 | 术 | 能 | 阅 | 游 | 露 | 拼 |
| 广 | 场 | 绘 | 十 | 进 | 制 | 绘 | 足 | 绘 | 图 | 猎 | 棒 | 画 | 乐 |

| | |
|---|---|
| 算术 | 数字 |
| 角度 | 平行 |
| 周长 | 平行四边形 |
| 广场 | 垂直 |
| 十进制 | 多边形 |
| 直径 | 半径 |
| 方程 | 矩形 |
| 指数 | 对称 |
| 分数 | 三角形 |
| 几何学 | |

# 47 - Restaurante #1

影露缝松松击球松绘女摄足陶游
厨房法拼击绘陶品法服咖图能陶
绘读活读园戏艺趣务啡织足拼
园辣影摄魔技拼绘击员绘针利肉
碗工餐露营面利猎瓷法技松术放
拳鱼动巾食包松钓摄暇利篮猎乐
球能狩狩物拳摄足术工放出纳员
过菜法陶远术图钓刀术放工工图
敏暇单篮足狩画读摄营营阅乐营
缝钓跳阅露针篮暇球读活利艺阅
球绘足乐趣盘缝鱼篮益篮活活猎
能放甜缝营露子球动绘趣暇法纫
园跳点趣松放篮拳舞能保技露读
益露能纫能缝鱼图露露留营读酱

| | |
|---|---|
| 过**敏** | **菜**单 |
| **咖啡** | **面**包子 |
| 出**纳**员 | **盘**点 |
| **女服**务员 | **甜**留 |
| **厨房** | **保**巾 |
| **食物** | **餐** |

# 48 - Profesiones #2

| 陶 | 影 | 游 | 击 | 营 | 织 | 画 | 暇 | 舞 | 暇 | 画 | 松 | 艺 | 魔 |
|---|---|---|---|---|---|---|---|---|---|---|---|---|---|
| 乐 | 工 | 松 | 品 | 动 | 阅 | 舞 | 影 | 放 | 影 | 语 | 言 | 学 | 家 |
| 艺 | 足 | 棒 | 针 | 物 | 击 | 技 | 放 | 品 | 生 | 品 | 舞 | 法 | 魔 |
| 游 | 读 | 针 | 陶 | 学 | 园 | 狩 | 能 | 绘 | 物 | 飞 | 侦 | 探 | 放 |
| 松 | 品 | 哲 | 学 | 家 | 猎 | 工 | 拼 | 摄 | 学 | 行 | 画 | 活 | 织 |
| 魔 | 活 | 图 | 书 | 管 | 理 | 员 | 程 | 影 | 家 | 员 | 画 | 益 | 远 |
| 潜 | 工 | 影 | 研 | 插 | 画 | 家 | 老 | 师 | 跳 | 动 | 摄 | 趣 | 织 |
| 画 | 家 | 远 | 究 | 利 | 绘 | 乐 | 潜 | 狩 | 利 | 远 | 陶 | 猎 | 技 |
| 放 | 舞 | 能 | 员 | 狩 | 品 | 暇 | 缝 | 利 | 幼 | 发 | 游 | 趣 | 艺 |
| 乐 | 陶 | 跳 | 游 | 摄 | 技 | 球 | 戏 | 缝 | 记 | 明 | 跳 | 陶 | 益 |
| 狩 | 影 | 松 | 图 | 跳 | 影 | 艺 | 益 | 乐 | 放 | 者 | 拼 | 瓷 | 工 |
| 放 | 益 | 阅 | 鱼 | 品 | 宇 | 能 | 跳 | 拼 | 游 | 球 | 法 | 牙 | 幼 |
| 瓷 | 幼 | 暇 | 跳 | 瓷 | 动 | 航 | 画 | 工 | 益 | 外 | 科 | 医 | 生 |
| 园 | 丁 | 活 | 画 | 阅 | 陶 | 舞 | 员 | 跳 | 工 | 舞 | 魔 | 生 | 棒 |

宇航员            发明者
图书管理员        研究员
生物学家           园丁
外科医生           语言学家
牙医                医生
侦探                记者
哲学家             飞行员
摄影师             画家
插画家             老师
工程师             动物学家

# 49 - Senderismo

| 绘 | 足 | 读 | 潜 | 舞 | 重 | 篮 | 针 | 露 | 摄 | 猎 | 瓷 | 球 | 图 |
|---|---|---|---|---|---|---|---|---|---|---|---|---|---|
| 技 | 魔 | 准 | 拼 | 猎 | 趣 | 动 | 品 | 图 | 气 | 鱼 | 缝 | 读 | 魔 |
| 读 | 猎 | 游 | 备 | 露 | 营 | 影 | 物 | 公 | 候 | 累 | 利 | 营 | 法 |
| 篮 | 足 | 摄 | 画 | 棒 | 营 | 峰 | 拼 | 园 | 乐 | 织 | 工 | 艺 | 太 |
| 营 | 艺 | 活 | 球 | 营 | 陶 | 会 | 棒 | 艺 | 露 | 缝 | 法 | 阳 |  |
| 击 | 放 | 影 | 钓 | 游 | 纫 | 趣 | 技 | 乐 | 魔 | 术 | 跳 | 绘 | 陶 |
| 水 | 山 | 鱼 | 乐 | 摄 | 阅 | 指 | 动 | 阅 | 画 | 荒 | 瓷 | 读 | 摄 |
| 魔 | 技 | 远 | 跳 | 方 | 向 | 南 | 阅 | 游 | 动 | 野 | 纫 | 工 | 技 |
| 悬 | 崖 | 影 | 技 | 游 | 能 | 利 | 纫 | 纫 | 戏 | 法 | 画 | 游 | 纫 |
| 足 | 击 | 能 | 游 | 绘 | 远 | 图 | 营 | 拳 | 术 | 活 | 活 | 读 | 益 |
| 地 | 图 | 织 | 织 | 瓷 | 足 | 靴 | 暇 | 营 | 露 | 阅 | 织 | 利 | 足 |
| 放 | 园 | 舞 | 球 | 戏 | 摄 | 蚊 | 子 | 石 | 大 | 自 | 然 | 品 | 园 |
| 图 | 织 | 足 | 远 | 益 | 读 | 图 | 瓷 | 头 | 露 | 术 | 放 | 技 | 鱼 |
| 瓷 | 击 | 足 | 远 | 品 | 品 | 营 | 舞 | 松 | 乐 | 暇 | 益 | 篮 | 缝 |

悬崖
动物
靴子
露营
气候
峰会
指南
地图

蚊子
大自然
方向
公园
石头
准备
荒野
太阳

# 50 - Naturaleza

| | | | | | | | | | | | | |
|---|---|---|---|---|---|---|---|---|---|---|---|---|
| 法 | 暇 | 露 | 瓷 | 篮 | 图 | 蜜 | 北 | 极 | 跳 | 摄 | 侵 | 针 | 重 |
| 森 | 林 | 跳 | 远 | 营 | 益 | 蜂 | 游 | 远 | 动 | 态 | 蚀 | 美 | 要 |
| 球 | 狩 | 绘 | 法 | 画 | 术 | 阅 | 冰 | 益 | 足 | 河 | 术 | 的 |
| 活 | 影 | 活 | 猎 | 舞 | 陶 | 影 | 川 | 针 | 活 | 乐 | 树 | 叶 |
| 动 | 图 | 利 | 拼 | 击 | 品 | 鱼 | 园 | 放 | 钓 | 陶 | 足 | 狩 |
| 品 | 拳 | 狩 | 狩 | 纫 | 露 | 图 | 游 | 陶 | 品 | 跳 | 鱼 | 云 |
| 瓷 | 阅 | 放 | 动 | 技 | 园 | 戏 | 鱼 | 工 | 球 | 球 | 雾 | 绘 |
| 跳 | 营 | 击 | 鱼 | 狩 | 篮 | 足 | 能 | 荒 | 趣 | 动 | 物 | 拳 |
| 热 | 带 | 和 | 庇 | 动 | 乐 | 露 | 技 | 球 | 沙 | 放 | 远 | 暇 |
| 松 | 球 | 平 | 工 | 画 | 击 | 拳 | 缝 | 野 | 漠 | 避 | 活 |
| 园 | 宁 | 静 | 技 | 针 | 所 | 读 | 猎 | 松 | 营 | 图 | 难 | 阅 |
| 鱼 | 艺 | 利 | 舞 | 缝 | 针 | 游 | 术 | 乐 | 游 | 瓷 | 所 | 纫 |
| 利 | 艺 | 乐 | 露 | 魔 | 活 | 舞 | 足 | 潜 | 技 | 摄 | 技 | 暇 |
| 画 | 足 | 陶 | 远 | 魔 | 魔 | 潜 | 艺 | 潜 | 魔 | 篮 | 猎 | 读 |

蜜蜂
动物
北极
森林
沙漠
动态
侵蚀
树叶

冰川
和平
庇护所
荒野
避难所
宁静
热带
重要的

# 51 - Vacaciones #1

| 缝 | 露 | 动 | 棒 | 织 | 陶 | 露 | 纫 | 舞 | 趣 | 潜 | 画 | 潜 | 潜 |
|---|---|---|---|---|---|---|---|---|---|---|---|---|---|
| 阅 | 舞 | 影 | 放 | 瓷 | 读 | 魔 | 绘 | 魔 | 图 | 动 | 活 | 利 | 织 |
| 影 | 利 | 票 | 游 | 陶 | 暇 | 手 | 猎 | 跳 | 艺 | 乐 | 缝 | 陶 | 园 |
| 远 | 征 | 织 | 技 | 能 | 露 | 技 | 提 | 博 | 物 | 馆 | 放 | 技 | 球 |
| 阅 | 艺 | 露 | 货 | 币 | 放 | 松 | 拼 | 箱 | 鱼 | 舞 | 伞 | 营 | 钓 |
| 法 | 远 | 能 | 织 | 图 | 背 | 包 | 摄 | 跳 | 缝 | 狩 | 球 | 陶 | 影 |
| 缝 | 绘 | 画 | 纫 | 趣 | 缝 | 游 | 图 | 图 | 织 | 能 | 离 | 开 | 戏 |
| 品 | 暇 | 放 | 针 | 足 | 摄 | 技 | 游 | 园 | 拳 | 影 | 戏 | 篮 | 影 |
| 乐 | 棒 | 飞 | 趣 | 露 | 拼 | 篮 | 拼 | 钓 | 工 | 艺 | 画 | 钓 | 活 |
| 织 | 拳 | 机 | 猎 | 湖 | 绘 | 营 | 汽 | 暇 | 海 | 关 | 画 | 园 | 舞 |
| 技 | 读 | 益 | 松 | 营 | 纫 | 戏 | 车 | 技 | 篮 | 戏 | 棒 | 露 | 艺 |
| 狩 | 动 | 乐 | 缝 | 球 | 行 | 乐 | 拳 | 狩 | 摄 | 棒 | 工 | 摄 | 狩 |
| 远 | 球 | 利 | 绘 | 缝 | 程 | 狩 | 园 | 益 | 营 | 电 | 球 | 乐 | 棒 |
| 术 | 术 | 篮 | 戏 | 游 | 客 | 钓 | 戏 | 足 | 击 | 车 | 园 | 摄 | 狩 |

| | |
|---|---|
| 海关 | 货币 |
| 飞机 | 博物馆 |
| 汽车 | 放松 |
| 远征 | 离开 |
| 行程 | 电车 |
| 手提箱 | 游客 |
| 背包 | |

# 52 - Conduciendo

```
放 松 阅 运 法 露 绘 法 术 钓 益 速 利 工
纫 拳 燃 输 营 暇 瓷 工 戏 工 放 度 汽 篮
趣 露 料 舞 球 益 拳 工 工 艺 舞 潜 车 远
画 阅 鱼 画 松 街 瓷 警 察 露 拼 工 纫 拳
艺 活 工 戏 鱼 能 活 察 能 法 纫 瓷 拼 园
艺 工 画 放 陶 戏 舞 瓷 暇 猎 马 足 钓 法
足 跳 营 营 缝 能 瓷 露 球 园 达 拼 术 戏
工 趣 艺 缝 放 摄 摄 鱼 隧 道 乐 事 潜 暇
地 危 篮 露 法 放 动 法 放 篮 动 故 车 库
图 园 险 趣 摩 狩 松 动 游 绘 游 鱼 刹
纫 球 术 缝 托 安 全 针 照 艺 绘 击 气 车
行 人 图 交 车 乐 执 戏 读 舞 摄 艺 体
放 远 狩 活 通 卡 放 趣 能 潜 暇 戏 猎
远 读 远 动 击 车 猎 绘 营 鱼 猎 跳 露
```

事故
卡车
汽车
燃料
刹车
车库
气体
执照
地图
摩托车

马达
行人
危险
警察
安全
运输
交通
隧道
速度

# 53 - Ballet

| | | | | | | | | | | | | | |
|---|---|---|---|---|---|---|---|---|---|---|---|---|---|
| 富 | 艺 | 手 | 品 | 作 | 织 | 艺 | 纫 | 营 | 图 | 拼 | 拳 | 营 | 能 |
| 有 | 猎 | 势 | 能 | 曲 | 独 | 缝 | 阅 | 观 | 猎 | 击 | 潜 | 针 | 钓 |
| 表 | 肌 | 肉 | 法 | 家 | 奏 | 暇 | 暇 | 众 | 摄 | 艺 | 潜 | 远 | 球 |
| 现 | 松 | 击 | 游 | 奏 | 活 | 足 | 品 | 强 | 品 | 工 | 瓷 | 远 | 乐 |
| 力 | 戏 | 艺 | 绘 | 活 | 摄 | 品 | 强 | 度 | 瓷 | 瓷 | 远 | 摄 | 摄 |
| 狩 | 趣 | 图 | 趣 | 管 | 图 | 术 | 活 | 读 | 缝 | 戏 | 棒 | 击 | 纫 |
| 乐 | 狩 | 魔 | 掌 | 乐 | 弦 | 法 | 游 | 狩 | 棒 | 技 | 篮 | 艺 | 狩 |
| 篮 | 猎 | 工 | 声 | 节 | 奏 | 乐 | 画 | 缝 | 纫 | 暇 | 艺 | 园 | 趣 |
| 拼 | 术 | 足 | 舞 | 者 | 拼 | 魔 | 队 | 鱼 | 影 | 园 | 术 | 术 | 棒 |
| 魔 | 鱼 | 摄 | 戏 | 技 | 舞 | 纫 | 暇 | 活 | 拳 | 风 | 的 | 利 | 阅 |
| 编 | 法 | 读 | 园 | 阅 | 戏 | 球 | 画 | 拳 | 潜 | 放 | 格 | 利 | 远 |
| 艺 | 舞 | 技 | 能 | 放 | 活 | 益 | 工 | 露 | 动 | 放 | 画 | 篮 | 益 |
| 工 | 足 | 陶 | 戏 | 狩 | 术 | 技 | 瓷 | 钓 | 织 | 图 | 实 | 技 | 远 |
| 乐 | 狩 | 缝 | 跳 | 暇 | 品 | 跳 | 拳 | 法 | 技 | 践 | 术 | 鱼 | 艺 |

掌声

艺术的

观众

舞者

作曲家

编舞

风格

富有表现力

手势

技能

强度

肌肉

音乐

管弦乐队

实践

节奏

独奏

技术

# 54 - Aventura

| | | | | | | | | | | | | |
|---|---|---|---|---|---|---|---|---|---|---|---|---|
| 乐 | 阅 | 篮 | 利 | 异 | 图 | 活 | 乐 | 魔 | 足 | 足 | 阅 | 目 | 能 |
| 能 | 魔 | 乐 | 鱼 | 勇 | 常 | 法 | 拳 | 摄 | 舞 | 鱼 | 新 | 的 | 球 |
| 营 | 益 | 法 | 美 | 敢 | 利 | 松 | 远 | 织 | 球 | 放 | 魔 | 地 | 能 |
| 活 | 行 | 程 | 危 | 阅 | 猎 | 钓 | 足 | 瓷 | 松 | 旅 | 行 | 摄 | 能 |
| 拳 | 狩 | 艺 | 险 | 品 | 益 | 猎 | 艺 | 松 | 篮 | 活 | 喜 | 悦 | 趣 |
| 露 | 品 | 准 | 备 | 品 | 露 | 鱼 | 读 | 趣 | 魔 | 大 | 动 | 机 | 棒 |
| 游 | 鱼 | 艺 | 摄 | 摄 | 技 | 术 | 能 | 工 | 工 | 利 | 自 | 会 | 艺 |
| 足 | 狩 | 读 | 游 | 棒 | 放 | 球 | 潜 | 工 | 游 | 潜 | 绘 | 然 | 游 |
| 图 | 安 | 远 | 图 | 拳 | 针 | 拼 | 画 | 摄 | 游 | 园 | 摄 | 缝 | 缝 |
| 困 | 全 | 朋 | 友 | 画 | 远 | 画 | 法 | 活 | 趣 | 魔 | 魔 | 阅 | 纫 |
| 难 | 益 | 缝 | 狩 | 击 | 读 | 魔 | 松 | 活 | 游 | 影 | 远 | 球 | 魔 |
| 跳 | 棒 | 拼 | 织 | 技 | 绘 | 营 | 露 | 工 | 织 | 瓷 | 跳 | 画 | 益 |
| 摄 | 鱼 | 足 | 动 | 放 | 潜 | 法 | 导 | 航 | 热 | 情 | 鱼 | 品 | 陶 |
| 图 | 技 | 陶 | 魔 | 园 | 远 | 品 | 针 | 趣 | 技 | 猎 | 趣 | 远 | 品 |

活动
喜悦
朋友
目的地
困难
热情
远足
异常
行程

大自然
导航
新的
机会
危险
准备
安全
勇敢
旅行

# 55 - Pájaros

| 露 | 缝 | 工 | 阅 | 动 | 术 | 暇 | 活 | 足 | 瓷 | 足 | 远 | 针 | 针 |
|---|---|---|---|---|---|---|---|---|---|---|---|---|---|
| 鱼 | 蛋 | 读 | 球 | 球 | 松 | 利 | 阅 | 乌 | 鸦 | 图 | 读 | 工 | 戏 |
| 乐 | 能 | 营 | 阅 | 园 | 松 | 针 | 猎 | 艺 | 拳 | 棒 | 影 | 拳 | 园 |
| 利 | 缝 | 击 | 舞 | 针 | 园 | 绘 | 远 | 鹦 | 企 | 球 | 猎 | 狩 | 针 |
| 阅 | 拳 | 狩 | 篮 | 狩 | 露 | 活 | 益 | 鹉 | 鹅 | 猎 | 活 | 利 | 园 |
| 露 | 远 | 鸭 | 鸵 | 鸟 | 棒 | 鹈 | 拳 | 戏 | 暇 | 狩 | 工 | 拳 | 影 |
| 狩 | 乐 | 放 | 织 | 游 | 技 | 鹕 | 放 | 戏 | 拳 | 图 | 足 | 术 | 营 |
| 杜 | 鹃 | 火 | 暇 | 活 | 钓 | 摄 | 技 | 影 | 法 | 球 | 鸥 | 猎 | 狩 |
| 拼 | 品 | 瓷 | 烈 | 利 | 摄 | 露 | 益 | 动 | 鱼 | 暇 | 瓷 | 摄 | 天 |
| 放 | 跳 | 棒 | 松 | 鸟 | 跳 | 图 | 瓷 | 营 | 读 | 鸡 | 苍 | 鹭 | 鹅 |
| 拳 | 跳 | 游 | 利 | 篮 | 营 | 棒 | 鸽 | 子 | 法 | 巨 | 嘴 | 鸟 | 法 |
| 益 | 图 | 金 | 击 | 鱼 | 营 | 园 | 艺 | 利 | 艺 | 鱼 | 魔 | 趣 | 瓷 |
| 狩 | 击 | 丝 | 球 | 游 | 动 | 图 | 营 | 利 | 能 | 纫 | 园 | 鹰 | 乐 |
| 读 | 麻 | 雀 | 鹳 | 潜 | 能 | 活 | 拼 | 击 | 法 | 暇 | 阅 | 露 | 利 |

鸵鸟
金丝雀
天鹅
杜鹃
乌鸦
火烈鸟
苍鹭

麻雀
鹦鹉
鸽子
鹈鹕
企鹅
巨嘴鸟

# 56 - Playa

舞技拼读能拳魔技工纫针画纫拳
海影远能棒游击潜足钓针鱼阅远
露岸活法读法舞影摄艺术帆读工
跳远活岛艺品篮松击击影船陶摄
乐术球放术摄沙舞织艺影织纫摄
陶篮足跳足针针瓷放营趣潜舞营
魔暇放狩益球拳陶拼园能读画趣
鱼潜摄术跳绘海营潜益松影艺乐
织术缝游松拼洋法图泻潜猎钓动
棒礁趣潜游假动足乐棒湖缝术松
暇缝缝太阳期趣潜法露击松游游
织舞术海露毛陶营动拳鱼摄足技
园球陶读猎益巾潜凉游蓝能影瓷
园暇击伞活法品拳鞋利色螃蟹织

蓝色                          凉鞋
螃蟹                          太阳
海岸                          毛巾
泻湖                          假期
海洋                          帆船

# 57 - Surf

| 技 | 跳 | 摄 | 戏 | 阅 | 游 | 缝 | 天 | 气 | 棒 | 图 | 利 | 绘 | 猎 |
|---|---|---|---|---|---|---|---|---|---|---|---|---|---|
| 画 | 技 | 图 | 松 | 猎 | 工 | 利 | 幼 | 极 | 法 | 足 | 拼 | 足 | 篮 |
| 流 | 行 | 的 | 冠 | 军 | 画 | 速 | 度 | 端 | 魔 | 摄 | 跳 | 图 | 摄 |
| 乐 | 跳 | 风 | 格 | 影 | 运 | 动 | 员 | 图 | 园 | 画 | 击 | 幼 | 阅 |
| 鱼 | 乐 | 远 | 篮 | 松 | 阅 | 松 | 营 | 猎 | 园 | 乐 | 海 | 活 | 魔 |
| 力 | 量 | 趣 | 陶 | 狩 | 瓷 | 暇 | 魔 | 鱼 | 狩 | 工 | 滩 | 松 | 跳 |
| 阅 | 活 | 技 | 篮 | 跳 | 击 | 艺 | 猎 | 跳 | 益 | 园 | 阅 | 绘 | 舞 |
| 利 | 棒 | 乐 | 艺 | 人 | 群 | 桨 | 暇 | 工 | 游 | 绘 | 拼 | 营 | 法 |
| 技 | 魔 | 跳 | 缝 | 远 | 影 | 拼 | 拳 | 露 | 乐 | 篮 | 拳 | 缝 | 画 |
| 瓷 | 鱼 | 篮 | 针 | 摄 | 跳 | 狩 | 幼 | 球 | 初 | 学 | 者 | 营 | 影 |
| 影 | 舞 | 趣 | 乐 | 篮 | 艺 | 远 | 放 | 猎 | 狩 | 针 | 拳 | 摄 | 能 |
| 技 | 乐 | 放 | 魔 | 摄 | 礁 | 波 | 胃 | 暇 | 拳 | 技 | 摄 | 猎 | 棒 |
| 远 | 陶 | 陶 | 术 | 品 | 活 | 影 | 泡 | 工 | 狩 | 读 | 猎 | 动 | 园 |
| 瓷 | 织 | 摄 | 跳 | 利 | 跳 | 海 | 洋 | 沫 | 趣 | 戏 | 足 | 摄 | 放 |

运动员　　　　　　力量
冠军　　　　　　　人群
天气　　　　　　　海洋
乐趣　　　　　　　海滩
泡沫　　　　　　　流行的
风格　　　　　　　初学者
极端　　　　　　　速度

# 58 - Geografía

```
球 影 读 工 纬 魔 跳 跳 读 活 营 拼 图 针
球 猎 画 读 度 乐 营 地 图 集 阅 营 营 足
益 城 戏 纫 拼 乐 艺 区 戏 针 击 瓷 针 鱼
瓷 市 球 钓 击 技 猎 西 露 益 高 领 土 松
画 鱼 潜 利 趣 戏 能 海 艺 影 度 法 戏 技
鱼 园 技 图 魔 国 画 子 午 线 阅 影 图 能
画 活 趣 戏 拼 暇 家 拼 鱼 园 活 趣 画 能
河 露 技 鱼 击 术 针 戏 足 摄 艺 益 能 摄
猎 游 园 技 织 阅 艺 术 图 击 松 足 乐 足
经 半 暇 世 南 狩 舞 戏 跳 拼 针 缝 术 山
度 游 球 界 摄 阅 游 远 远 击 能 钓 大 益
营 瓷 利 拳 暇 绘 拳 益 岛 潜 狩 术 暇 陆
地 图 影 钓 陶 纫 潜 狩 术 钓 品 工 影 猎
露 钓 松 北 益 技 法 阅 瓷 绘 篮 绘 鱼 陶
```

高度
地图集
城市
大陆
半球
纬度
经度

地图
子午线
世界
国家
地区
领土

# 59 - Deportes

放 营 影 活 游 放 影 舞 游 舞 趣 能 网 乐
舞 猎 织 品 营 纫 狩 冠 戏 益 画 体 球 魔
趣 画 跳 钓 术 拳 瓷 军 体 育 馆 操 艺 游
游 法 乐 技 针 艺 摄 园 运 动 跳 品 术 球
猎 棒 图 乐 拳 益 影 利 法 动 绘 影 绘 钓
利 露 纫 露 棒 拼 陶 露 狩 播 员 摄 瓷 摄
绘 动 动 织 魔 品 鱼 阅 影 放 游 曲 拼 体
团 魔 摄 球 魔 暇 放 放 阅 器 篮 棍 篮 育
陶 队 摄 动 瓷 缝 游 戏 暇 松 棒 球 篮 场
活 园 画 露 猎 利 摄 拳 动 狩 足 术 乐 工
狩 戏 针 击 艺 摄 园 乐 术 高 尔 夫 球 教
裁 判 跳 暇 击 潜 篮 图 自 鱼 术 放 篮 练
读 鱼 狩 篮 绘 法 瓷 球 行 纫 优 胜 者 读
远 画 鱼 击 棒 读 暇 技 车 远 足 跳 绘 猎

| | |
|---|---|
| 运动员 | 优胜者 |
| 裁判 | 体操 |
| 篮球 | 体育馆 |
| 棒球 | 高尔夫球 |
| 自行车 | 曲棍球 |
| 冠军 | 游戏 |
| 教练 | 播放器 |
| 团队 | 运动 |
| 体育场 | 网球 |

# 60 - Actividades

| 活 | 摄 | 影 | 狩 | 技 | 拼 | 艺 | 跳 | 舞 | 远 | 足 | 潜 | 摄 | 法 |
|---|---|---|---|---|---|---|---|---|---|---|---|---|---|
| 活 | 鱼 | 技 | 猎 | 工 | 绘 | 术 | 拼 | 术 | 狩 | 戏 | 图 | 魔 |  |
| 园 | 露 | 园 | 狩 | 击 | 放 | 足 | 舞 | 钓 | 针 | 暇 | 跳 | 利 | 活 |
| 趣 | 营 | 动 | 拳 | 露 | 画 | 乐 | 趣 | 影 | 趣 | 拳 | 工 | 益 | 动 |
| 鱼 | 跳 | 暇 | 潜 | 拳 | 拼 | 园 | 绘 | 艺 | 球 | 戏 | 阅 | 松 | 阅 |
| 魔 | 戏 | 戏 | 暇 | 织 | 阅 | 针 | 能 | 松 | 钓 | 足 | 读 | 陶 | 魔 |
| 露 | 品 | 瓷 | 影 | 乐 | 瓷 | 鱼 | 游 | 戏 | 鱼 | 读 | 足 | 画 | 鱼 |
| 瓷 | 技 | 猎 | 动 | 营 | 陶 | 动 | 拼 | 陶 | 法 | 舞 | 缝 | 纫 | 利 |
| 篮 | 魔 | 趣 | 放 | 陶 | 瓷 | 球 | 跳 | 陶 | 狩 | 球 | 瓷 | 击 | 篮 |
| 魔 | 松 | 画 | 阅 | 球 | 露 | 拼 | 绘 | 益 | 艺 | 游 | 园 | 跳 | 针 |
| 陶 | 法 | 放 | 松 | 拼 | 狩 | 摄 | 影 | 纫 | 技 | 陶 | 工 | 艺 | 品 |
| 鱼 | 画 | 园 | 乐 | 鱼 | 摄 | 拳 | 术 | 活 | 能 | 远 | 法 | 鱼 | 舞 |
| 远 | 潜 | 术 | 针 | 鱼 | 魔 | 远 | 拼 | 放 | 露 | 能 | 拼 | 潜 | 松 |
| 鱼 | 织 | 戏 | 活 | 钓 | 技 | 戏 | 游 | 图 | 拼 | 绘 | 拼 | 园 | 法 |

活动
艺术
工艺品
露营
狩猎
陶瓷
缝纫
摄影
技能
利益

园艺
游戏
阅读
魔法
钓鱼
乐趣
放松
拼图
远足

# 61 - Verduras

| 朝 | 蘑 | 菇 | 拳 | 动 | 拳 | 针 | 洋 | 芜 | 黄 | 南 | 园 | 利 | 菠 |
| 篮 | 鲜 | 松 | 影 | 绘 | 茄 | 沙 | 葱 | 菁 | 动 | 瓜 | 动 | 香 | 菜 |
| 趣 | 鱼 | 蓟 | 画 | 游 | 子 | 拉 | 橄 | 艺 | 大 | 戏 | 活 | 影 |
| 钓 | 钓 | 击 | 放 | 工 | 摄 | 暇 | 舞 | 放 | 远 | 蒜 | 益 | 能 | 缝 |
| 画 | 瓷 | 陶 | 跳 | 法 | 品 | 读 | 园 | 远 | 营 | 跳 | 园 | 阅 | 篮 |
| 纫 | 读 | 品 | 棒 | 击 | 暇 | 营 | 拼 | 阅 | 营 | 织 | 陶 | 乐 | 西 |
| 芹 | 读 | 活 | 胡 | 戏 | 工 | 跳 | 钓 | 陶 | 艺 | 影 | 法 | 拼 | 兰 |
| 菜 | 工 | 游 | 萝 | 卜 | 园 | 棒 | 利 | 乐 | 球 | 潜 | 舞 | 织 | 花 |
| 暇 | 摄 | 益 | 卜 | 织 | 狩 | 读 | 棒 | 利 | 动 | 陶 | 游 | 技 |
| 缝 | 画 | 足 | 绘 | 舞 | 拼 | 戏 | 番 | 击 | 鱼 | 钓 | 益 | 能 | 趣 |
| 舞 | 放 | 缝 | 园 | 益 | 戏 | 图 | 茄 | 拼 | 鱼 | 陶 | 益 | 术 | 益 |
| 技 | 暇 | 舞 | 放 | 益 | 陶 | 利 | 趣 | 读 | 土 | 法 | 潜 | 陶 |
| 鱼 | 远 | 画 | 活 | 鱼 | 暇 | 品 | 乐 | 艺 | 豆 | 潜 | 放 | 篮 |
| 影 | 阅 | 魔 | 戏 | 法 | 足 | 篮 | 图 | 绘 | 姜 | 技 | 缝 | 放 | 篮 |

大蒜
朝鲜蓟
芹菜
茄子
西兰花
南瓜
洋葱
沙拉
菠菜
豌豆

芜菁
橄榄
土豆
黄瓜
香菜
萝卜
蘑菇
番茄
胡萝卜

# 62 - Instrumentos Musicales

| | | | | | | | | | | | | | | |
|---|---|---|---|---|---|---|---|---|---|---|---|---|---|---|
| 钓 | 鱼 | 马 | 摄 | 乐 | 狩 | 品 | 击 | 球 | 单 | 猎 | 跳 | 针 | 动 |
| 放 | 远 | 趣 | 林 | 猎 | 工 | 长 | 工 | 打 | 双 | 簧 | 管 | 远 | 乐 |
| 针 | 乐 | 猎 | 猎 | 巴 | 小 | 号 | 法 | 击 | 戏 | 术 | 管 | 暇 | 织 |
| 营 | 鱼 | 图 | 潜 | 画 | 提 | 锣 | 营 | 乐 | 萨 | 跳 | 趣 | 棒 | 棒 |
| 击 | 篮 | 缝 | 利 | 钢 | 琴 | 瓷 | 巴 | 器 | 克 | 曼 | 陀 | 林 | 魔 |
| 绘 | 舞 | 摄 | 绘 | 球 | 园 | 松 | 图 | 松 | 斯 | 班 | 卓 | 琴 | 陶 |
| 趣 | 影 | 术 | 竖 | 舞 | 陶 | 长 | 笛 | 营 | 管 | 戏 | 暇 | 针 | 园 |
| 篮 | 松 | 动 | 琴 | 品 | 游 | 织 | 读 | 鱼 | 鱼 | 足 | 图 | 拼 | 舞 |
| 戏 | 鼓 | 术 | 潜 | 营 | 戏 | 拳 | 绘 | 口 | 琴 | 松 | 暇 | 潜 | 球 |
| 吉 | 他 | 大 | 篮 | 织 | 园 | 针 | 纫 | 纫 | 图 | 针 | 远 | 瓷 | 品 |
| 放 | 法 | 提 | 露 | 远 | 营 | 跳 | 露 | 魔 | 喇 | 叭 | 足 | 利 | 击 |
| 猎 | 摄 | 琴 | 足 | 瓷 | 潜 | 潜 | 绘 | 球 | 法 | 针 | 缝 | 工 | 钓 |
| 缝 | 艺 | 戏 | 针 | 益 | 趣 | 钓 | 足 | 陶 | 铃 | 瓷 | 瓷 | 针 | 动 |
| 击 | 术 | 狩 | 阅 | 击 | 乐 | 魔 | 拳 | 营 | 鼓 | 读 | 瓷 | 图 | 纫 |

| | |
|---|---|
| 口琴 | 双簧管 |
| 竖琴 | 铃鼓 |
| 班卓琴 | 打击乐器 |
| 单簧管 | 钢琴 |
| 巴松管 | 萨克斯管 |
| 长笛 | 长号 |
| 吉他 | 喇叭 |
| 曼陀林 | 小提琴 |
| 马林巴 | 大提琴 |

# 63 - Mascotas

松 棒 潜 乐 动 舞 画 潜 绘 益 阅 阅 利 拼
拼 露 足 鱼 棒 击 狩 营 能 织 术 画 能 乐
鱼 活 缝 影 戏 钓 图 缝 趣 蜥 乐 活 画 瓷
击 球 图 拼 画 法 技 乐 猎 益 蝎 足 露 园
狩 瓷 篮 食 益 工 营 品 爪 摄 远 潜 水 品
松 纫 益 物 暇 读 棒 动 益 远 远 能 猎 画
艺 缝 皮 戏 露 动 狗 仓 潜 术 画 针 山 趣
击 衣 带 能 摄 能 舞 鼠 魔 拳 猎 法 羊 织
篮 牛 领 篮 能 艺 动 瓷 放 足 活 活 读 针
潜 篮 尾 巴 乌 小 缝 趣 小 技 动 艺 摄 动
兔 利 远 兽 龟 鱼 狗 针 猫 鹦 鹉 乐 艺 球
子 纫 篮 医 猎 拳 园 读 鱼 舞 拳 艺 活 拳
鱼 魔 画 益 暇 术 趣 营 画 拼 球 钓 品 鱼
舞 魔 摄 影 图 利 拳 阅 绘 营 乐 缝 品

山羊
小狗
尾巴
衣领
食物
兔子
皮带

小猫
仓鼠
蜥蜴
鹦鹉
爪子
乌龟
兽医

# 64 - Formas

| | | | | | | | | | | | | | |
|---|---|---|---|---|---|---|---|---|---|---|---|---|---|
| 足 | 影 | 瓷 | 跳 | 画 | 乐 | 猎 | 舞 | 舞 | 园 | 棱 | 镜 | 影 | 缝 |
| 松 | 动 | 趣 | 双 | 曲 | 线 | 暇 | 艺 | 工 | 松 | 纫 | 纫 | 戏 | 远 |
| 棒 | 戏 | 园 | 游 | 线 | 击 | 跳 | 利 | 拳 | 缝 | 广 | 影 | 松 | 球 |
| 活 | 活 | 棒 | 露 | 读 | 能 | 能 | 矩 | 游 | 立 | 场 | 利 | 能 | 松 |
| 纫 | 鱼 | 椭 | 圆 | 形 | 多 | 边 | 形 | 戏 | 弧 | 方 | 三 | 角 | 形 |
| 金 | 字 | 塔 | 圆 | 潜 | 跳 | 缘 | 棒 | 陶 | 法 | 纫 | 体 | 营 | 戏 |
| 舞 | 球 | 游 | 筒 | 足 | 益 | 动 | 缝 | 足 | 圈 | 技 | 品 | 潜 | 瓷 |
| 趣 | 暇 | 游 | 陶 | 动 | 击 | 击 | 动 | 篮 | 露 | 魔 | 暇 | 活 | 拼 |
| 跳 | 锥 | 体 | 钓 | 营 | 图 | 陶 | 边 | 击 | 能 | 读 | 缝 | 击 | 松 |
| 猎 | 利 | 纫 | 织 | 露 | 动 | 摄 | 技 | 艺 | 趣 | 魔 | 篮 | 缝 | 露 |
| 画 | 技 | 动 | 狩 | 品 | 猎 | 松 | 远 | 松 | 能 | 画 | 戏 | 工 | 陶 |
| 动 | 鱼 | 球 | 图 | 戏 | 园 | 趣 | 绘 | 艺 | 绘 | 术 | 活 | 球 | 拼 |
| 术 | 活 | 拼 | 戏 | 游 | 趣 | 法 | 工 | 技 | 狩 | 影 | 画 | 活 | 露 |
| 趣 | 击 | 球 | 松 | 球 | 魔 | 缝 | 角 | 落 | 棒 | 线 | 读 | 纫 | 趣 |

边缘
圆筒
锥体
广场
立方体
曲线
椭圆
角落

双曲线
椭圆形
金字塔
多边形
棱镜
矩形
三角形

# 65 - Flores

| | | | | | | | | | | | |
|---|---|---|---|---|---|---|---|---|---|---|---|
| 百 | 纫 | 织 | 纫 | 茉 | 莉 | 花 | 牡 | 丹 | 向 | 跳 | 猎 | 拳 | 游 |
| 鱼 | 合 | 品 | 露 | 益 | 钓 | 瓣 | 乐 | 阅 | 日 | 击 | 艺 | 魔 | 益 |
| 鱼 | 暇 | 瓷 | 针 | 潜 | 活 | 术 | 画 | 缝 | 葵 | 球 | 篮 | 能 | 术 |
| 玫 | 纫 | 营 | 读 | 图 | 动 | 潜 | 露 | 乐 | 活 | 雏 | 薰 | 松 | 击 |
| 瑰 | 瑰 | 园 | 法 | 水 | 仙 | 花 | 乐 | 摄 | 陶 | 菊 | 衣 | 影 | 球 |
| 影 | 足 | 图 | 拳 | 品 | 狩 | 暇 | 跳 | 纫 | 纫 | 艺 | 草 | 足 | 金 |
| 郁 | 园 | 园 | 品 | 玉 | 影 | 艺 | 棒 | 活 | 篮 | 花 | 品 | 织 | 盏 |
| 金 | 缝 | 鱼 | 读 | 兰 | 工 | 放 | 拼 | 织 | 图 | 束 | 潜 | 阅 | 花 |
| 香 | 园 | 动 | 栀 | 子 | 花 | 鱼 | 魔 | 瓷 | 工 | 画 | 远 | 绘 | 芙 |
| 品 | 读 | 技 | 能 | 利 | 趣 | 猎 | 艺 | 球 | 露 | 阅 | 营 | 拼 | 蓉 |
| 读 | 艺 | 西 | 番 | 莲 | 绘 | 针 | 钓 | 动 | 影 | 技 | 远 | 乐 | 技 |
| 益 | 露 | 蒲 | 戏 | 三 | 叶 | 草 | 营 | 趣 | 暇 | 动 | 远 | 图 | 猎 |
| 活 | 读 | 公 | 击 | 猎 | 园 | 织 | 狩 | 魔 | 绘 | 乐 | 戏 | 趣 | 罂 |
| 乐 | 戏 | 英 | 瓷 | 击 | 拼 | 球 | 绘 | 阅 | 阅 | 技 | 陶 | 潜 | 粟 |

| | |
|---|---|
| 罂粟 | 雏菊 |
| 金盏花 | 水仙花 |
| 蒲公英 | 兰花 |
| 栀子花 | 西番莲 |
| 向日葵 | 牡丹 |
| 芙蓉 | 花瓣 |
| 茉莉花 | 花束 |
| 薰衣草 | 玫瑰 |
| 百合 | 三叶草 |
| 玉兰 | 郁金香 |

# 66 - Astronomía

| 舞 | 松 | 露 | 绘 | 营 | 活 | 绘 | 益 | 行 | 望 | 远 | 镜 | 纫 | 放 |
|---|---|---|---|---|---|---|---|---|---|---|---|---|---|
| 拳 | 法 | 园 | 瓷 | 动 | 猎 | 陶 | 图 | 星 | 钓 | 术 | 魔 | 跳 | 猎 |
| 术 | 织 | 动 | 缝 | 针 | 拳 | 露 | 篮 | 球 | 活 | 陶 | 戏 | 钓 | 织 |
| 营 | 球 | 猎 | 益 | 游 | 游 | 月 | 亮 | 绘 | 击 | 拼 | 戏 | 图 | 篮 |
| 针 | 园 | 活 | 拼 | 远 | 舞 | 活 | 猎 | 品 | 陶 | 露 | 钓 | 瓷 | 天 |
| 小 | 春 | 分 | 织 | 卫 | 松 | 纫 | 动 | 法 | 钓 | 技 | 辐 | 缝 | 文 |
| 球 | 行 | 动 | 松 | 流 | 星 | 技 | 针 | 钓 | 球 | 能 | 射 | 球 | 台 |
| 超 | 新 | 星 | 纫 | 读 | 陶 | 座 | 魔 | 魔 | 放 | 球 | 钓 | 拼 | 术 |
| 游 | 技 | 园 | 潜 | 术 | 品 | 远 | 纫 | 魔 | 读 | 篮 | 工 | 营 | 术 |
| 工 | 法 | 游 | 鱼 | 能 | 棒 | 潜 | 瓷 | 绘 | 鱼 | 游 | 园 | 工 | 摄 |
| 火 | 宇 | 宙 | 击 | 活 | 棒 | 纫 | 术 | 足 | 绘 | 天 | 文 | 学 | 家 |
| 箭 | 航 | 击 | 影 | 露 | 球 | 星 | 趣 | 蚀 | 瓷 | 空 | 益 | 猎 | 瓷 |
| 击 | 员 | 拼 | 趣 | 舞 | 猎 | 系 | 潜 | 重 | 织 | 拼 | 猎 | 缝 | 棒 |
| 地 | 球 | 艺 | 戏 | 露 | 阅 | 绘 | 露 | 力 | 放 | 能 | 暇 | 能 | 工 |

小行星　　　　　　流星
宇航员　　　　　　天文台
天文学家　　　　　行星
天空　　　　　　　辐射
火箭　　　　　　　卫星
星座　　　　　　　超新星
春分　　　　　　　望远镜
星系　　　　　　　地球
重力　　　　　　　宇宙
月亮

# 67 - Tiempo

| 绘 | 陶 | 戏 | 绘 | 足 | 放 | 益 | 阅 | 放 | 棒 | 早 | 晨 | 十 | 年 |
|---|---|---|---|---|---|---|---|---|---|---|---|---|---|
| 潜 | 织 | 篮 | 品 | 钓 | 针 | 球 | 日 | 历 | 工 | 术 | 动 | 织 | 织 |
| 技 | 昨 | 天 | 未 | 画 | 品 | 益 | 利 | 能 | 益 | 放 | 图 | 法 | 画 |
| 画 | 远 | 暇 | 来 | 拼 | 拳 | 足 | 摄 | 钓 | 能 | 工 | 拼 | 趣 | 针 |
| 晚 | 上 | 缝 | 球 | 图 | 周 | 法 | 活 | 篮 | 拼 | 狩 | 工 | 营 | 游 |
| 阅 | 猎 | 篮 | 足 | 摄 | 游 | 活 | 世 | 纪 | 舞 | 织 | 棒 | 足 | 技 |
| 读 | 缝 | 击 | 缝 | 游 | 缝 | 乐 | 远 | 艺 | 篮 | 阅 | 乐 | 暇 | 品 |
| 时 | 钟 | 棒 | 读 | 松 | 术 | 月 | 分 | 跳 | 针 | 游 | 钓 | 拳 | 中 |
| 刻 | 画 | 利 | 鱼 | 趣 | 摄 | 工 | 织 | 钟 | 品 | 绘 | 针 | 营 | 午 |
| 拳 | 放 | 露 | 工 | 猎 | 画 | 暇 | 放 | 瓷 | 缝 | 拼 | 戏 | 能 | 利 |
| 狩 | 游 | 益 | 摄 | 阅 | 棒 | 画 | 魔 | 能 | 利 | 狩 | 活 | 艺 | 露 |
| 舞 | 拼 | 放 | 艺 | 品 | 今 | 益 | 舞 | 艺 | 图 | 以 | 趣 | 织 | 乐 |
| 拳 | 魔 | 瓷 | 品 | 棒 | 天 | 现 | 工 | 小 | 时 | 前 | 每 | 年 | 猎 |
| 钓 | 舞 | 能 | 露 | 画 | 能 | 画 | 在 | 暇 | 针 | 球 | 趣 | 放 | 狩 |

现在
以前
每年
昨天
日历
十年
未来
小时

今天
早晨
中午
分钟
时刻
晚上
时钟
世纪

# 68 - Paisajes

| | | | | | | | | | | | | |
|---|---|---|---|---|---|---|---|---|---|---|---|---|
| 乐 | 织 | 法 | 活 | 湖 | 间 | 技 | 趣 | 球 | 法 | 读 | 足 | 画 | 狩 |
| 瓷 | 读 | 趣 | 绘 | 纫 | 歇 | 园 | 艺 | 棒 | 陶 | 拳 | 狩 | 跳 | 钓 |
| 海 | 绘 | 纫 | 松 | 放 | 泉 | 魔 | 能 | 露 | 针 | 足 | 读 | 陶 | 篮 |
| 针 | 滩 | 远 | 瀑 | 布 | 利 | 游 | 足 | 舞 | 瓷 | 拼 | 狩 | 趣 | 缝 |
| 阅 | 益 | 钓 | 棒 | 品 | 拳 | 拳 | 拼 | 陶 | 远 | 松 | 戏 | 技 | 工 |
| 缝 | 钓 | 魔 | 法 | 冰 | 川 | 篮 | 松 | 潜 | 画 | 乐 | 狩 | 击 | 放 |
| 乐 | 放 | 放 | 沼 | 游 | 法 | 绿 | 术 | 球 | 活 | 营 | 远 | 戏 | 拳 |
| 苔 | 术 | 暇 | 泽 | 猎 | 营 | 洲 | 潜 | 摄 | 拼 | 露 | 画 | 工 | 绘 |
| 原 | 潜 | 摄 | 泻 | 湖 | 艺 | 益 | 棒 | 纫 | 沙 | 漠 | 工 | 缝 | 能 |
| 球 | 益 | 冰 | 山 | 谷 | 远 | 舞 | 篮 | 技 | 纫 | 棒 | 狩 | 山 | 纫 |
| 营 | 织 | 篮 | 画 | 趣 | 益 | 猎 | 球 | 画 | 动 | 图 | 半 | 篮 | 品 |
| 魔 | 舞 | 松 | 拼 | 火 | 猎 | 益 | 活 | 舞 | 篮 | 法 | 益 | 岛 | 动 |
| 针 | 品 | 跳 | 洞 | 山 | 艺 | 艺 | 松 | 缝 | 拼 | 河 | 放 | 露 | 营 |
| 露 | 活 | 暇 | 穴 | 活 | 魔 | 棒 | 画 | 松 | 艺 | 口 | 潜 | 鱼 | 技 |

瀑布
洞穴
沙漠
河口
间歇泉
冰川
冰山
泻湖

绿洲
沼泽
半岛
海滩
苔原
山谷
火山

# 69 - Días y Meses

| | | | | | | | | | | | | |
|---|---|---|---|---|---|---|---|---|---|---|---|---|
| 利 | 活 | 动 | 工 | 放 | 周 | 乐 | 能 | 狩 | 露 | 鱼 | 狩 | 利 | 十 |
| 跳 | 园 | 魔 | 织 | 松 | 活 | 跳 | 舞 | 术 | 暇 | 艺 | 戏 | 园 | 月 |
| 松 | 幼 | 术 | 狩 | 球 | 品 | 幼 | 品 | 潜 | 针 | 法 | 露 | 暇 | 钓 |
| 工 | 击 | 松 | 法 | 跳 | 织 | 绘 | 拼 | 星 | 阅 | 园 | 魔 | 游 | 益 |
| 戏 | 九 | 拼 | 图 | 篮 | 能 | 放 | 技 | 期 | 潜 | 技 | 击 | 活 | 艺 |
| 日 | 月 | 星 | 期 | 一 | 营 | 绘 | 钓 | 二 | 舞 | 能 | 潜 | 益 | 游 |
| 历 | 缝 | 露 | 鱼 | 瓷 | 拳 | 击 | 技 | 星 | 放 | 陶 | 陶 | 画 | 术 |
| 八 | 月 | 乐 | 放 | 魔 | 暇 | 园 | 法 | 拼 | 期 | 园 | 拼 | 钓 | 七 |
| 一 | 月 | 戏 | 活 | 放 | 星 | 狩 | 瓷 | 球 | 园 | 三 | 织 | 二 | 月 |
| 能 | 远 | 营 | 活 | 乐 | 期 | 钓 | 益 | 摄 | 潜 | 十 | 一 | 月 | 棒 |
| 球 | 营 | 球 | 读 | 猎 | 四 | 月 | 星 | 艺 | 法 | 远 | 露 | 放 | 棒 |
| 远 | 园 | 工 | 摄 | 绘 | 放 | 钓 | 期 | 足 | 画 | 能 | 篮 | 益 | 影 |
| 星 | 期 | 五 | 鱼 | 钓 | 缝 | 影 | 日 | 瓷 | 星 | 期 | 六 | 游 | 露 |
| 阅 | 绘 | 松 | 月 | 猎 | 影 | 远 | 画 | 影 | 影 | 能 | 年 | 月 | 缝 |

| | |
|---|---|
| 四月 | 星期一 |
| 八月 | 星期二 |
| 日历 | 星期三 |
| 星期日 | 十一月 |
| 一月 | 十月 |
| 二月 | 星期六 |
| 星期四 | 九月 |
| 七月 | 星期五 |
| 六月 | |

# 70 - Chocolate

| 异 | 国 | 情 | 调 | 击 | 活 | 球 | 球 | 益 | 益 | 动 | 暇 | 营 | 园 |
|---|---|---|---|---|---|---|---|---|---|---|---|---|---|
| 利 | 陶 | 松 | 可 | 乐 | 能 | 能 | 活 | 技 | 糖 | 魔 | 工 | 味 | 松 |
| 钓 | 影 | 棒 | 可 | 潜 | 跳 | 法 | 影 | 益 | 画 | 绘 | 法 | 道 | 篮 |
| 摄 | 术 | 足 | 击 | 艺 | 品 | 营 | 纫 | 暇 | 画 | 工 | 美 | 味 | 园 |
| 纫 | 球 | 活 | 拳 | 能 | 技 | 画 | 乐 | 猎 | 暇 | 放 | 利 | 活 | 球 |
| 鱼 | 球 | 益 | 露 | 魔 | 松 | 术 | 艺 | 品 | 最 | 喜 | 欢 | 的 | 放 |
| 魔 | 术 | 术 | 拼 | 香 | 气 | 益 | 园 | 卡 | 戏 | 趣 | 织 | 摄 | 跳 |
| 游 | 食 | 魔 | 趣 | 摄 | 读 | 潜 | 球 | 路 | 法 | 瓷 | 工 | 篮 | 拳 |
| 钓 | 谱 | 球 | 品 | 狩 | 益 | 营 | 苦 | 里 | 狩 | 益 | 趣 | 读 | 游 |
| 针 | 焦 | 击 | 击 | 棒 | 跳 | 营 | 跳 | 陶 | 篮 | 益 | 读 | 击 | 利 |
| 抗 | 缝 | 糖 | 织 | 松 | 松 | 击 | 乐 | 露 | 乐 | 画 | 球 | 乐 | 松 |
| 椰 | 氧 | 游 | 篮 | 能 | 摄 | 瓷 | 艺 | 法 | 法 | 质 | 鱼 | 舞 | 花 |
| 子 | 影 | 化 | 甜 | 蜜 | 的 | 松 | 瓷 | 读 | 针 | 球 | 量 | 动 | 生 |
| 活 | 法 | 暇 | 剂 | 篮 | 松 | 摄 | 击 | 戏 | 影 | 针 | 成 | 分 | 动 |

抗氧化剂
香气
花生
可可
质量
卡路里
焦糖
椰子

美味
甜蜜的
异国情调
最喜欢的
味道
成分
食谱

# 71 - Barbacoas

游 沙 跳 足 摄 阅 乐 利 纫 暇 图 跳 画 盐
戏 拉 洋 能 游 乐 狩 针 织 瓷 能 图 狩 拼
远 艺 葱 影 热 鱼 图 魔 松 足 放 瓷 绘
动 猎 潜 能 远 影 晚 利 摄 益 跳 缝 篮 缝
陶 夏 钓 法 法 午 餐 酱 拳 拳 放 法 活
益 陶 天 猎 阅 戏 读 足 益 乐 读 阅 影 击
针 乐 松 鱼 戏 松 钓 艺 足 拼 织 摄 戏 钓
技 纫 活 艺 缝 朋 友 魔 狩 画 放 拳 棒 瓷
术 陶 松 品 舞 营 暇 鱼 营 球 品 阅 蔬 拼
潜 园 能 营 益 球 工 潜 魔 法 番 刀 菜 影
胡 影 画 篮 瓷 家 影 烧 烤 棒 茄 术 水 技
椒 饥 足 品 球 庭 工 猎 跳 织 猎 陶 露 果
艺 饿 球 趣 鸡 戏 暇 纫 跳 魔 暇 远 动 松
工 足 画 艺 绘 音 乐 乐 艺 猎 趣 跳 动 远

午餐　戏
朋友　乐
洋葱　游烤
晚餐　音椒
沙拉　烧番茄
家庭　胡天
水果　　夏菜
饥饿　　蔬

# 72 - Ropa

织 足 品 术 工 手 帽 园 利 跳 摄 放 瓷 益
球 图 暇 法 游 套 裤 子 艺 阅 远 跳 能 陶
乐 缝 舞 睡 短 园 猎 动 潜 足 足 足 绘 动
球 品 乐 衣 裙 工 袜 子 棒 拼 画 影 围 裙
击 画 益 品 舞 活 工 益 艺 围 画 针 阅 乐
游 绘 营 球 活 活 艺 珠 宝 巾 影 利 松 陶
带 足 拼 摄 狩 乐 动 纫 拼 乐 钓 瓷 营 狩
露 瓷 狩 球 绘 跳 松 棒 能 猎 趣 夹 影 绘
舞 棒 拼 利 活 绘 缝 足 技 法 益 克 手 放
缝 工 松 缝 营 猎 时 艺 暇 外 套 阅 镯 术
棒 乐 项 钓 露 钓 尚 潜 跳 暇 游 拳 放 陶
连 技 球 链 衬 衫 潜 钓 舞 画 游 活 舞 画
衣 凉 鞋 拳 艺 毛 衣 放 营 活 瓷 松 潜 暇
裙 工 能 远 潜 动 品 击 远 纫 品 远 游 暇

外套
围巾
袜子
衬衫
夹克
项链
围裙
短裙
手套

珠宝
时尚
裤子
睡衣
手镯
凉鞋
帽子
毛衣
连衣裙

# 73 - Meditación

| 音 | 乐 | 品 | 足 | 足 | 瓷 | 狩 | 摄 | 跳 | 放 | 猎 | 园 | 影 | 摄 |
|---|---|---|---|---|---|---|---|---|---|---|---|---|---|
| 魔 | 暇 | 鱼 | 足 | 球 | 工 | 陶 | 画 | 习 | 技 | 园 | 猎 | 品 | 阅 |
| 读 | 影 | 拼 | 露 | 醒 | 松 | 透 | 视 | 惯 | 远 | 感 | 激 | 瓷 | 拼 |
| 跳 | 画 | 技 | 跳 | 跳 | 画 | 读 | 艺 | 乐 | 瓷 | 技 | 足 | 纫 | 工 |
| 同 | 情 | 绪 | 品 | 露 | 绘 | 戏 | 艺 | 乐 | 猎 | 纫 | 能 | 击 | 跳 |
| 和 | 平 | 善 | 良 | 利 | 趣 | 潜 | 魔 | 图 | 乐 | 击 | 暇 | 球 | 远 |
| 篮 | 静 | 运 | 利 | 艺 | 阅 | 画 | 狩 | 益 | 舞 | 跳 | 画 | 纫 | 球 |
| 呼 | 摄 | 动 | 针 | 影 | 魔 | 织 | 跳 | 暇 | 游 | 狩 | 阅 | 术 | 活 |
| 缝 | 吸 | 篮 | 放 | 趣 | 篮 | 暇 | 能 | 能 | 棒 | 缝 | 钓 | 趣 | 猎 |
| 画 | 摄 | 大 | 自 | 然 | 鱼 | 击 | 摄 | 趣 | 利 | 狩 | 暇 | 姿 | 露 |
| 绘 | 棒 | 跳 | 艺 | 缝 | 潜 | 乐 | 击 | 舞 | 绘 | 艺 | 篮 | 趣 | 势 |
| 乐 | 缝 | 戏 | 阅 | 阅 | 击 | 动 | 舞 | 心 | 理 | 舞 | 击 | 瓷 | 球 |
| 观 | 察 | 摄 | 鱼 | 幸 | 明 | 接 | 园 | 松 | 露 | 针 | 趣 | 戏 | 术 |
| 舞 | 放 | 放 | 足 | 福 | 晰 | 受 | 露 | 能 | 鱼 | 沉 | 默 | 技 | 动 |

接受
善良
平静
明晰
同情
情绪
幸福
感激
习惯
心理

运动
音乐
大自然
观察
和平
透视
姿势
呼吸
沉默

# 74 - Comedia

| | | | | | | | | | | | | |
|---|---|---|---|---|---|---|---|---|---|---|---|---|
| 活 | 狩 | 工 | 利 | 读 | 松 | 狩 | 画 | 拼 | 戏 | 富 | 乐 | 观 | 露 |
| 击 | 棒 | 益 | 拳 | 球 | 露 | 技 | 类 | 型 | 模 | 有 | 趣 | 演 | 众 |
| 即 | 兴 | 创 | 作 | 乐 | 陶 | 小 | 绘 | 潜 | 仿 | 表 | 游 | 员 | 狩 |
| 潜 | 击 | 球 | 聪 | 趣 | 暇 | 丑 | 能 | 阅 | 工 | 现 | 棒 | 品 | 乐 |
| 活 | 暇 | 能 | 露 | 明 | 掌 | 陶 | 摄 | 织 | 织 | 力 | 鱼 | 魔 | 拼 |
| 法 | 影 | 利 | 动 | 戏 | 声 | 阅 | 球 | 艺 | 针 | 狩 | 能 | 动 | 放 |
| 纫 | 针 | 球 | 品 | 针 | 球 | 球 | 营 | 阅 | 缝 | 笑 | 话 | 篮 | 剧 |
| 乐 | 趣 | 益 | 舞 | 松 | 绘 | 魔 | 电 | 陶 | 法 | 活 | 声 | 能 | 院 |
| 园 | 益 | 园 | 鱼 | 织 | 绘 | 活 | 视 | 钓 | 放 | 读 | 鱼 | 艺 | 针 |
| 瓷 | 鱼 | 乐 | 拼 | 戏 | 动 | 幽 | 远 | 影 | 摄 | 技 | 纫 | 织 | 影 |
| 陶 | 篮 | 狩 | 乐 | 狩 | 能 | 默 | 技 | 跳 | 益 | 狩 | 艺 | 拼 | 阅 |
| 棒 | 球 | 图 | 园 | 潜 | 绘 | 松 | 击 | 陶 | 法 | 球 | 能 | 缝 | 魔 |
| 图 | 女 | 演 | 员 | 鱼 | 读 | 影 | 暇 | 松 | 能 | 织 | 营 | 能 | 工 |
| 足 | 利 | 园 | 游 | 图 | 术 | 暇 | 潜 | 摄 | 艺 | 利 | 篮 | 戏 | 能 |

演员
女演员
掌声
观众
笑话
乐趣
富有表现力
类型
有趣

幽默
即兴创作
聪明
模仿
小丑
笑声
剧院
电视

# 75 - Libros

魔 针 游 活 放 狩 能 冒 狩 拼 远 舞 魔 读
益 品 动 拼 悲 剧 击 险 术 趣 系 魔 球 钓
趣 工 魔 球 织 上 下 文 远 魔 列 击 拳 活
园 潜 品 相 艺 戏 拳 趣 戏 击 猎 术 游 陶
陶 能 暇 关 发 织 陶 缝 针 针 收 潜 影 钓
乐 历 史 的 明 棒 钓 织 狩 露 藏 艺 狩 游
页 魔 益 益 活 棒 猎 活 舞 狩 绘 魔 足 狩
露 益 营 击 能 益 品 暇 画 园 猎 拳 魔 猎
读 跳 球 球 钓 暇 活 画 拼 织 利 作 摄 图
缝 钓 营 针 陶 术 游 幽 能 纫 利 者 利 跳
阅 跳 小 松 篮 瓷 动 营 默 狩 读 者 潜 戏
动 针 乐 说 二 元 性 游 能 狩 读 者 潜 趣 魔
鱼 读 猎 故 事 鱼 书 面 足 织 松 趣 鱼
绘 篮 缝 魔 阅 魔 园 旁 白 诗 歌 文 学 鱼

| | |
|---|---|
| 作者 | 发明 |
| 冒险 | 读者 |
| 收藏 | 文学 |
| 上下文 | 旁白 |
| 二元性 | 小说 |
| 书面的 | 相关的 |
| 故事 | 诗歌 |
| 历史的 | 系列 |
| 幽默 | 悲剧 |

| | | | | | | | | | | | |
|---|---|---|---|---|---|---|---|---|---|---|---|
| 瓷 | 能 | 趣 | 击 | 画 | 饮 | 影 | 足 | 蛋 | 白 | 质 | 拼 | 鱼 | 针 |
| 鱼 | 远 | 球 | 陶 | 狩 | 食 | 欲 | 拳 | 戏 | 潜 | 量 | 卡 | 路 | 里 |
| 织 | 乐 | 跳 | 棒 | 乐 | 跳 | 动 | 营 | 篮 | 绘 | 狩 | 球 | 魔 | 动 |
| 陶 | 钓 | 猎 | 术 | 织 | 摄 | 味 | 道 | 健 | 康 | 拼 | 营 | 发 | 苦 |
| 瓷 | 击 | 潜 | 戏 | 露 | 营 | 鱼 | 狩 | 拼 | 影 | 暇 | 园 | 酵 | 足 |
| 松 | 能 | 钓 | 舞 | 平 | 针 | 拳 | 暇 | 图 | 幼 | 园 | 维 | 足 | 拳 |
| 舞 | 钓 | 图 | 阅 | 衡 | 暇 | 暇 | 阅 | 远 | 利 | 法 | 生 | 钓 | 棒 |
| 足 | 艺 | 击 | 技 | 的 | 绘 | 棒 | 松 | 利 | 重 | 跳 | 素 | 拼 | 远 |
| 猎 | 酱 | 艺 | 趣 | 动 | 趣 | 品 | 猎 | 园 | 拼 | 量 | 乐 | 远 | 技 |
| 毒 | 素 | 技 | 画 | 拼 | 品 | 工 | 缝 | 习 | 潜 | 拳 | 钓 | 影 | 远 |
| 术 | 戏 | 潜 | 拼 | 工 | 球 | 养 | 分 | 惯 | 法 | 篮 | 放 | 绘 | 球 |
| 戏 | 消 | 绘 | 能 | 针 | 食 | 露 | 艺 | 活 | 钓 | 绘 | 游 | 动 | 园 |
| 工 | 化 | 鱼 | 棒 | 读 | 谷 | 用 | 趣 | 乐 | 跳 | 读 | 陶 | 松 | 技 |
| 缝 | 读 | 拼 | 魔 | 游 | 猎 | 物 | 碳 | 水 | 化 | 合 | 物 | 工 | 阅 |

| | |
|---|---|
| 食欲 | 发酵 |
| 质量 | 习惯 |
| 卡路里 | 养分 |
| 碳水化合物 | 重量 |
| 谷物 | 蛋白质 |
| 食用 | 味道 |
| 饮食 | 健康 |
| 消化 | 毒素 |
| 平衡的 | 维生素 |

# 77 - Edificios

瓷 棒 跳 影 放 拼 车 库 摄 棒 钓 放 实 图
远 拼 魔 乐 动 活 魔 谷 体 育 场 术 验 法
篮 暇 艺 陶 动 游 营 品 仓 天 文 台 室 动
动 读 瓷 球 绘 暇 击 露 暇 绘 球 猎 足 法
钓 酒 店 品 塔 绘 针 瓷 拳 工 益 松 利 织
乐 影 读 瓷 画 暇 摄 利 能 农 舞 动 摄 利
瓷 动 拼 击 法 击 超 级 市 场 拳 工 厂 工
画 击 球 篮 暇 幼 医 钓 棒 摄 拳 图 针
篮 术 钓 拳 球 剧 院 露 远 潜 暇 远 舞 摄
工 远 陶 游 艺 博 球 缝 针 远 露 趣 幼 跳
陶 拼 乐 公 品 拳 物 旅 影 陶 棒 拳 城 跳
艺 益 动 寓 影 大 使 馆 学 校 电 篮 堡 乐
艺 陶 乐 阅 足 足 织 术 拳 读 拼 影 艺 钓
工 术 舞 利 大 学 松 技 狩 阅 幼 法 阅 瓷

| | |
|---|---|
| 旅馆 | 农场 |
| 公寓 | 医院 |
| 城堡 | 酒店 |
| 电影 | 实验室 |
| 大使馆 | 博物馆 |
| 学校 | 天文台 |
| 体育场 | 超级市场 |
| 工厂 | 剧院 |
| 车库 | 大学 |
| 谷仓 | |

# 78 - Océano

営 露 猎 图 球 击 珊 瑚 金 远 潜 潜 海 蜇
魔 陶 园 暇 动 利 益 技 拼 枪 鲨 读 豚 猎
绘 足 船 足 营 利 织 法 戏 鳗 鱼 放 牡 篮
狩 瓷 品 猎 暇 益 品 纫 瓷 猎 绘 利 蛎 鱼
钓 图 足 技 活 鱼 乐 活 趣 游 戏 趣 阅 阅
园 游 益 益 露 钓 露 艺 击 艺 瓷 法 击 游
活 绘 足 技 艺 瓷 瓷 猎 露 趣 法 动 工 球
读 技 术 放 松 读 能 法 螃 拼 盐 潮 汐 拳
魔 品 跳 陶 阅 跳 读 织 蟹 戏 狩 活 陶 虾
篮 织 鸟 暇 影 影 球 钓 缝 棒 藻 章 活 瓷
风 暴 龟 艺 益 工 戏 足 松 钓 类 鱼 利 暇
术 猎 远 击 篮 动 图 能 鲸 篮 营 放 松 球
乐 球 猎 鱼 品 拳 礁 园 棒 露 暇 营 露 法
拼 摄 球 狩 图 海 绵 露 拳 魔 舞 绘 艺

藻类
鳗鱼
金枪鱼
螃蟹
珊瑚
海豚
海绵

潮汐
海蜇
牡蛎
章鱼
鲨鱼
风暴
乌龟

# 79 - Ciudad

| | | | | | | | | | | | | | |
|---|---|---|---|---|---|---|---|---|---|---|---|---|---|
| 摄 | 摄 | 读 | 纫 | 松 | 趣 | 织 | 法 | 球 | 艺 | 露 | 钓 | 画 | 远 |
| 远 | 暇 | 狩 | 超 | 级 | 市 | 场 | 艺 | 影 | 织 | 品 | 戏 | 拳 | 廊 |
| 品 | 品 | 狩 | 电 | 影 | 放 | 能 | 乐 | 魔 | 工 | 缝 | 银 | 舞 | 拳 |
| 趣 | 拳 | 博 | 物 | 馆 | 猎 | 松 | 跳 | 技 | 鱼 | 露 | 行 | 市 | 场 |
| 商 | 花 | 暇 | 活 | 陶 | 潜 | 摄 | 画 | 狩 | 狩 | 法 | 钓 | 游 | 术 |
| 药 | 店 | 摄 | 露 | 乐 | 益 | 诊 | 所 | 绘 | 针 | 动 | 缝 | 技 | 大 |
| 书 | 机 | 动 | 松 | 足 | 技 | 游 | 拼 | 狩 | 陶 | 影 | 拳 | 松 | 学 |
| 店 | 钓 | 场 | 瓷 | 缝 | 拳 | 营 | 跳 | 松 | 品 | 体 | 织 | 图 | 校 |
| 鱼 | 潜 | 球 | 法 | 足 | 狩 | 影 | 酒 | 远 | 击 | 育 | 舞 | 书 | 读 |
| 纫 | 针 | 舞 | 织 | 钓 | 面 | 包 | 店 | 放 | 艺 | 场 | 远 | 馆 | 棒 |
| 活 | 游 | 球 | 游 | 动 | 物 | 园 | 暇 | 趣 | 织 | 鱼 | 拼 | 足 | 狩 |
| 图 | 能 | 远 | 摄 | 动 | 术 | 技 | 暇 | 棒 | 营 | 动 | 工 | 利 | 钓 |
| 击 | 缝 | 球 | 远 | 剧 | 院 | 读 | 远 | 动 | 益 | 织 | 击 | 陶 | 足 |
| 乐 | 动 | 阅 | 球 | 足 | 趣 | 影 | 能 | 动 | 拳 | 瓷 | 乐 | 益 | 足 |

机场
银行
图书馆
电影
诊所
学校
体育场
药店
花店
画廊

酒店
书店
市场
博物馆
面包店
超级市场
剧院
商店
大学
动物园

# 80 - Conservación

| 鱼 | 品 | 戏 | 棒 | 污 | 狩 | 环 | 境 | 的 | 周 | 志 | 跳 | 织 | 绘 |
|---|---|---|---|---|---|---|---|---|---|---|---|---|---|
| 鱼 | 潜 | 营 | 园 | 染 | 农 | 球 | 气 | 潜 | 期 | 愿 | 织 | 营 | 击 |
| 变 | 陶 | 狩 | 暇 | 活 | 陶 | 药 | 候 | 远 | 工 | 者 | 乐 | 术 | 陶 |
| 术 | 化 | 活 | 利 | 影 | 跳 | 暇 | 远 | 趣 | 击 | 鱼 | 跳 | 绿 | 球 |
| 针 | 园 | 品 | 织 | 魔 | 图 | 潜 | 瓷 | 艺 | 球 | 自 | 图 | 色 | 水 |
| 品 | 品 | 击 | 猎 | 活 | 艺 | 技 | 艺 | 鱼 | 魔 | 然 | 陶 | 影 | 法 |
| 技 | 狩 | 术 | 纫 | 画 | 足 | 魔 | 纫 | 松 | 品 | 球 | 品 | 能 | 乐 |
| 技 | 针 | 乐 | 松 | 拳 | 击 | 远 | 鱼 | 益 | 钓 | 瓷 | 园 | 暇 | 工 |
| 教 | 育 | 陶 | 拳 | 猎 | 足 | 图 | 乐 | 趣 | 工 | 纫 | 健 | 康 | 跳 |
| 法 | 纫 | 猎 | 术 | 利 | 潜 | 生 | 境 | 露 | 舞 | 品 | 法 | 活 | 阅 |
| 影 | 放 | 艺 | 趣 | 舞 | 回 | 态 | 摄 | 拳 | 乐 | 阅 | 游 | 能 | 狩 |
| 读 | 技 | 缝 | 画 | 织 | 收 | 系 | 舞 | 潜 | 图 | 趣 | 减 | 针 | 钓 |
| 艺 | 画 | 织 | 技 | 益 | 跳 | 统 | 有 | 机 | 棒 | 工 | 击 | 少 | 工 |
| 猎 | 远 | 趣 | 舞 | 露 | 益 | 露 | 跳 | 跳 | 织 | 鱼 | 击 | 动 | 艺 |

环境的  自然
变化  有机
周期  农药
气候  回收
污染  减少
生态系统  健康
教育  绿色
生境  志愿者

# 81 - Exploración

| 缝 | 能 | 陶 | 动 | 营 | 击 | 足 | 瓷 | 放 | 工 | 暇 | 动 | 益 | 陶 |
|---|---|---|---|---|---|---|---|---|---|---|---|---|---|
| 摄 | 读 | 陶 | 缝 | 篮 | 未 | 戏 | 陶 | 钓 | 画 | 戏 | 猎 | 物 | 舞 |
| 图 | 影 | 营 | 绘 | 针 | 拳 | 知 | 绘 | 鱼 | 暇 | 篮 | 营 | 足 | 放 |
| 远 | 潜 | 针 | 工 | 鱼 | 舞 | 利 | 寻 | 求 | 针 | 旅 | 决 | 露 | 潜 |
| 技 | 跳 | 乐 | 织 | 益 | 品 | 能 | 钓 | 新 | 绘 | 行 | 心 | 阅 | 纫 |
| 猎 | 足 | 戏 | 绘 | 园 | 跳 | 危 | 险 | 的 | 拳 | 品 | 摄 | 拼 | 趣 |
| 放 | 动 | 摄 | 园 | 乐 | 瓷 | 园 | 陶 | 击 | 松 | 乐 | 乐 | 钓 | 狩 |
| 纫 | 暇 | 地 | 形 | 瓷 | 陶 | 趣 | 阅 | 勇 | 气 | 魔 | 乐 | 拳 | 拳 |
| 乐 | 品 | 画 | 篮 | 活 | 织 | 戏 | 织 | 远 | 跳 | 针 | 影 | 术 | 工 |
| 法 | 放 | 球 | 织 | 放 | 露 | 放 | 读 | 露 | 跳 | 魔 | 图 | 技 | 陶 |
| 拳 | 拳 | 艺 | 瓷 | 陶 | 趣 | 荒 | 野 | 拼 | 织 | 绘 | 狩 | 营 | 暇 |
| 暇 | 品 | 戏 | 露 | 篮 | 舞 | 乐 | 击 | 绘 | 棒 | 缝 | 语 | 空 | 间 |
| 动 | 棒 | 棒 | 文 | 化 | 跳 | 棒 | 瓷 | 狩 | 益 | 远 | 乐 | 言 | 活 |
| 精 | 疲 | 力 | 竭 | 跳 | 魔 | 狩 | 动 | 远 | 魔 | 发 | 现 | 钓 | 动 |

活动         决心

精疲力竭    空间

动物         语言

寻求         新的

勇气         危险的

文化         荒野

未知         地形

发现         旅行

# 82 - Actividades y Ocio

| | | | | | | | | | | | | |
|---|---|---|---|---|---|---|---|---|---|---|---|---|
| 瓷 | 游 | 篮 | 园 | 艺 | 摄 | 阅 | 猎 | 品 | 魔 | 利 | 拳 | 狩 | 工 |
| 纫 | 击 | 鱼 | 露 | 术 | 潜 | 购 | 趣 | 击 | 针 | 法 | 暇 | 动 | 远 |
| 园 | 钓 | 拳 | 潜 | 园 | 暇 | 物 | 猎 | 摄 | 篮 | 魔 | 品 | 图 | 游 |
| 纫 | 读 | 鱼 | 针 | 动 | 游 | 拳 | 针 | 高 | 鱼 | 放 | 绘 | 读 | 拳 |
| 猎 | 能 | 缝 | 读 | 乐 | 暇 | 篮 | 乐 | 尔 | 鱼 | 影 | 游 | 松 | 猎 |
| 能 | 活 | 活 | 足 | 益 | 影 | 乐 | 游 | 夫 | 潜 | 钓 | 鱼 | 舞 | 拳 |
| 品 | 摄 | 棒 | 篮 | 动 | 松 | 远 | 足 | 球 | 摄 | 放 | 舞 | 动 | 篮 |
| 爱 | 好 | 潜 | 球 | 趣 | 摄 | 术 | 戏 | 活 | 钓 | 营 | 动 | 旅 | 行 |
| 舞 | 织 | 水 | 图 | 乐 | 利 | 篮 | 针 | 棒 | 远 | 篮 | 瓷 | 图 | 猎 |
| 乐 | 冲 | 浪 | 法 | 法 | 图 | 排 | 园 | 足 | 摄 | 织 | 动 | 魔 | 绘 |
| 拳 | 击 | 足 | 篮 | 狩 | 网 | 球 | 利 | 暇 | 工 | 摄 | 猎 | 舞 | 击 |
| 活 | 缝 | 法 | 远 | 放 | 趣 | 摄 | 棒 | 鱼 | 技 | 放 | 瓷 | 足 | 法 |
| 活 | 露 | 营 | 营 | 远 | 游 | 影 | 阅 | 棒 | 暇 | 松 | 画 | 跳 | 拳 |
| 工 | 游 | 织 | 画 | 动 | 猎 | 泳 | 跳 | 远 | 阅 | 织 | 利 | 乐 | 读 |

| | |
|---|---|
| 爱好 | 园艺 |
| 艺术 | 游泳 |
| 篮球 | 钓鱼 |
| 棒球 | 放松 |
| 拳击 | 远足 |
| 潜水 | 冲浪 |
| 露营 | 网球 |
| 购物 | 旅行 |
| 足球 | 排球 |
| 高尔夫球 | |

| | | | | | | | | | | | | |
|---|---|---|---|---|---|---|---|---|---|---|---|---|
| 舞 | 能 | 摄 | 图 | 能 | 营 | 暇 | 利 | 绘 | 肉 | 阅 | 品 | 罗 | 勒 |
| 法 | 利 | 露 | 露 | 影 | 足 | 球 | 舞 | 园 | 桂 | 拼 | 技 | 糖 | 跳 |
| 梨 | 拼 | 陶 | 益 | 菠 | 菜 | 艺 | 瓷 | 趣 | 摄 | 利 | 园 | 陶 | 营 |
| 趣 | 陶 | 猎 | 摄 | 织 | 绘 | 法 | 棒 | 乐 | 陶 | 大 | 艺 | 艺 | 绘 |
| 芜 | 牛 | 草 | 金 | 枪 | 鱼 | 魔 | 艺 | 图 | 露 | 果 | 麦 | 足 | 动 |
| 菁 | 奶 | 莓 | 胡 | 萝 | 卜 | 工 | 松 | 狩 | 趣 | 大 | 汁 | 柠 | 檬 |
| 球 | 摄 | 利 | 篮 | 猎 | 松 | 击 | 洋 | 园 | 术 | 蒜 | 益 | 足 | 猎 |
| 击 | 钓 | 放 | 针 | 趣 | 缝 | 缝 | 葱 | 跳 | 绘 | 画 | 拳 | 棒 | 乐 |
| 薄 | 荷 | 击 | 拳 | 法 | 露 | 游 | 击 | 园 | 游 | 沙 | 拉 | 益 | 织 |
| 活 | 露 | 乐 | 工 | 瓷 | 拼 | 远 | 钓 | 阅 | 舞 | 瓷 | 品 | 织 | 园 |
| 球 | 狩 | 远 | 潜 | 跳 | 陶 | 远 | 趣 | 法 | 盐 | 戏 | 利 | 技 | 益 |
| 鱼 | 摄 | 织 | 露 | 工 | 法 | 放 | 放 | 猎 | 动 | 趣 | 拼 | 法 | 钓 |
| 远 | 鱼 | 拼 | 魔 | 缝 | 织 | 钓 | 艺 | 棒 | 乐 | 汤 | 远 | 陶 | 足 |
| 工 | 狩 | 法 | 远 | 读 | 戏 | 钓 | 营 | 趣 | 钓 | 品 | 潜 | 趣 | 读 |

大蒜
罗勒
金枪鱼
肉桂
大麦
洋葱
沙拉
菠菜

草莓
果汁
牛奶
柠檬
薄荷
芜菁
胡萝卜

# 84 - Literatura

对能诗**分**露读**主**技陶传阅旁白艺
猎话**意**析游题**活**放记针术阅足
针棒纫见球击**工**动益节奏游拳营
跳图画魔戏暇**游**风格隐喻远篮球
针**趣**轶事悲剧织阅露暇营益松韵
鱼类品画艺技画远益趣读动戏绘
艺比趣拳阅陶放阅鱼品绘松作益
潜较鱼足跳篮乐拳活暇图棒者乐
法放拳击营影棒结乐魔纫松
描述足猎远阅法营乐论缝读技远
击钓读陶营戏营针放远跳足纫读
品法拳术纫陶放绘利摄钓乐园拳
影游技缝球乐活技球魔纫远技露
露针小说艺露魔击足法图球篮放

# 85 - Baño

影 活 术 纫 术 泡 香 镜 潜 暇 剪 画 游 松
足 画 技 露 洗 沫 水 子 趣 利 魔 刀 图 益
绘 跳 缝 缝 发 足 拳 露 趣 棒 能 拼 纫 法
厕 所 蒸 汽 水 针 淋 露 工 鱼 戏 画 露 戏
画 松 摄 艺 魔 能 浴 钓 画 益 跳 织 动 趣
图 戏 纫 钓 法 能 纫 足 摄 影 击 海 技
瓷 缝 篮 猎 工 拳 趣 工 潜 益 跳 乐 绵 技
瓷 技 营 织 趣 跳 松 洗 剂 术 松 放 园 动
放 读 钓 篮 击 动 潜 跳 拼 读 针 乐 动 露
法 猎 法 图 术 影 摄 水 毛 巾 图 放 潜 戏
工 营 利 跳 地 拳 足 露 影 狩 猎 舞 益 跳
动 猎 舞 肥 毯 针 艺 狩 猎 益 益 摄 拼 猎
足 陶 术 图 皂 益 露 龙 头 击 钓 趣 技 拳
摄 潜 读 猎 利 动 拼 拼 园 拳 远 趣 织 利

地毯　　　　龙头
厕所　　　　肥皂
泡沫　　　　洗剂
洗发水　　　香水
淋浴　　　　剪刀
镜子　　　　毛巾
海绵　　　　蒸汽

# 86 - Clima

| | | | | | | | | | | | | |
|---|---|---|---|---|---|---|---|---|---|---|---|---|
| 戏 | 园 | 天 | 阅 | 益 | 益 | 雷 | 声 | 足 | 微 | 龙 | 卷 | 风 | 法 |
| 利 | 暇 | 法 | 空 | 读 | 球 | 阅 | 活 | 飓 | 风 | 松 | 营 | 球 | 松 |
| 营 | 狩 | 绘 | 温 | 阅 | 活 | 棒 | 技 | 动 | 暴 | 热 | 带 | 图 | 读 |
| 术 | 影 | 趣 | 阅 | 度 | 营 | 暇 | 潜 | 钓 | 艺 | 缝 | 潜 | 暇 | 暇 |
| 阅 | 足 | 园 | 拼 | 艺 | 阅 | 狩 | 能 | 工 | 乐 | 狩 | 阅 | 益 | 术 |
| 摄 | 园 | 纫 | 影 | 猎 | 趣 | 缝 | 法 | 术 | 棒 | 活 | 技 | 舞 | 动 |
| 法 | 球 | 工 | 松 | 画 | 棒 | 技 | 狩 | 图 | 舞 | 拼 | 远 | 闪 | 电 |
| 园 | 棒 | 放 | 潜 | 游 | 活 | 趣 | 乐 | 猎 | 篮 | 远 | 跳 | 影 | 能 |
| 图 | 跳 | 极 | 织 | 益 | 拼 | 园 | 暇 | 足 | 园 | 舞 | 魔 | 影 | 艺 |
| 法 | 动 | 舞 | 地 | 干 | 燥 | 乐 | 摄 | 篮 | 营 | 足 | 球 | 缝 | 棒 |
| 乐 | 潜 | 跳 | 画 | 旱 | 乐 | 摄 | 摄 | 篮 | 品 | 读 | 舞 | 大 | 气 |
| 趣 | 棒 | 雾 | 游 | 绘 | 洪 | 狩 | 技 | 拳 | 画 | 风 | 绘 | 暇 | 候 |
| 趣 | 术 | 瓷 | 季 | 风 | 水 | 影 | 跳 | 园 | 放 | 冰 | 游 | 法 | 暇 |
| 缝 | 猎 | 摄 | 缝 | 云 | 图 | 工 | 篮 | 读 | 阅 | 影 | 画 | 针 | 利 |

大气
微风
天空
气候
飓风
洪水
季风
极地

闪电
干燥
干旱
温度
风暴
龙卷风
热带
雷声

# 87 - Comida #2

| | | | | | | | | | | | | |
|---|---|---|---|---|---|---|---|---|---|---|---|---|
| 球 | 术 | 朝 | 足 | 米 | 番 | 茄 | 暇 | 法 | 动 | 技 | 跳 | 摄 | 艺 |
| 利 | 鱼 | 鲜 | 潜 | 暇 | 法 | 子 | 法 | 魔 | 潜 | 钓 | 向 | 潜 | 工 |
| 摄 | 巧 | 蓟 | 针 | 能 | 戏 | 绘 | 乐 | 针 | 放 | 拼 | 日 | 酸 | 钓 |
| 露 | 鱼 | 克 | 跳 | 球 | 利 | 游 | 园 | 益 | 针 | 动 | 葵 | 奶 | 酪 |
| 葡 | 萄 | 品 | 力 | 能 | 舞 | 姜 | 营 | 术 | 钓 | 足 | 戏 | 钓 | 工 |
| 篮 | 露 | 能 | 益 | 园 | 益 | 芹 | 菜 | 魔 | 跳 | 击 | 利 | 狩 | 针 |
| 篮 | 篮 | 足 | 潜 | 缝 | 面 | 包 | 摄 | 瓷 | 鱼 | 舞 | 画 | 缝 | 拳 |
| 拳 | 放 | 钓 | 缝 | 益 | 远 | 游 | 品 | 法 | 法 | 园 | 活 | 猎 | 放 |
| 摄 | 潜 | 放 | 瓷 | 织 | 动 | 猕 | 趣 | 阅 | 球 | 游 | 阅 | 术 | 益 |
| 松 | 品 | 杏 | 击 | 篮 | 狩 | 猴 | 鱼 | 棒 | 织 | 小 | 画 | 跳 | 读 |
| 放 | 苹 | 果 | 仁 | 趣 | 樱 | 桃 | 工 | 舞 | 篮 | 利 | 麦 | 乐 | 远 |
| 摄 | 动 | 潜 | 瓷 | 暇 | 陶 | 陶 | 放 | 园 | 钓 | 技 | 击 | 营 | 画 |
| 棒 | 暇 | 活 | 绘 | 摄 | 拳 | 放 | 暇 | 游 | 鸡 | 香 | 动 | 纫 | 动 |
| 足 | 技 | 棒 | 蛋 | 针 | 缝 | 魔 | 趣 | 狩 | 戏 | 蕉 | 利 | 松 | 露 |

朝鲜蓟          苹果
杏仁            面包
芹菜            香蕉
茄子            奶酪
樱桃            番茄
巧克力          小麦
向日葵          葡萄
猕猴桃          酸奶

# 88 - Castillos

| | | | | | | | | | | | | | |
|---|---|---|---|---|---|---|---|---|---|---|---|---|---|
| 跳 | 拼 | 技 | 工 | 拼 | 读 | 摄 | 利 | 益 | 瓷 | 影 | 远 | 暇 | 舞 |
| 阅 | 工 | 乐 | 露 | 图 | 松 | 营 | 活 | 跳 | 钓 | 摄 | 远 | 拼 | 品 |
| 乐 | 冠 | 王 | 摄 | 术 | 缝 | 松 | 读 | 技 | 球 | 纫 | 能 | 技 | 戏 |
| 公 | 主 | 国 | 帝 | 独 | 角 | 兽 | 篮 | 魔 | 弹 | 益 | 潜 | 益 | 狩 |
| 影 | 摄 | 鱼 | 影 | 国 | 钓 | 利 | 织 | 魔 | 射 | 猎 | 墙 | 品 | 织 |
| 摄 | 绘 | 远 | 营 | 益 | 松 | 能 | 钓 | 纫 | 器 | 绘 | 松 | 狩 | 缝 |
| 远 | 松 | 钓 | 封 | 建 | 盔 | 利 | 技 | 绘 | 画 | 舞 | 纫 | 王 | 子 |
| 钓 | 读 | 营 | 球 | 动 | 甲 | 足 | 针 | 远 | 游 | 远 | 拼 | 益 | 钓 |
| 园 | 暇 | 钓 | 魔 | 读 | 画 | 放 | 宫 | 影 | 纫 | 能 | 舞 | 针 | 游 |
| 护 | 针 | 跳 | 露 | 拼 | 技 | 影 | 塔 | 鱼 | 松 | 园 | 王 | 朝 | 影 |
| 城 | 潜 | 法 | 放 | 魔 | 缝 | 暇 | 骑 | 士 | 戏 | 益 | 阅 | 狩 | 瓷 |
| 河 | 针 | 放 | 品 | 远 | 技 | 活 | 织 | 舞 | 利 | 术 | 术 | 针 | 放 |
| 盾 | 棒 | 游 | 游 | 摄 | 剑 | 暇 | 露 | 品 | 针 | 潜 | 术 | 鱼 | 马 |
| 龙 | 潜 | 击 | 营 | 击 | 瓷 | 法 | 益 | 高 | 贵 | 暇 | 陶 | 品 | 活 |

| | |
|---|---|
| 盔甲 | 帝国 |
| 骑士 | 高贵 |
| 弹射器 | 公主 |
| 王朝 | 王子 |
| 封建 | 王国 |
| 护城河 | 独角兽 |

# 89 - Arte

| | | | | | | | | | | | | | |
|---|---|---|---|---|---|---|---|---|---|---|---|---|---|
| 露 | 个 | 人 | 的 | 复 | 杂 | 绘 | 潜 | 图 | 图 | 暇 | 读 | 利 | 舞 |
| 法 | 表 | 舞 | 钓 | 活 | 针 | 心 | 法 | 读 | 原 | 拳 | 能 | 潜 | 瓷 |
| 戏 | 技 | 达 | 球 | 猎 | 趣 | 情 | 能 | 远 | 版 | 纫 | 活 | 游 | 能 |
| 乐 | 趣 | 简 | 单 | 缝 | 工 | 法 | 益 | 乐 | 营 | 潜 | 乐 | 象 | 戏 |
| 缝 | 放 | 钓 | 工 | 篮 | 潜 | 法 | 能 | 针 | 组 | 成 | 征 | 画 | 跳 |
| 放 | 鱼 | 舞 | 乐 | 摄 | 露 | 能 | 艺 | 球 | 利 | 篮 | 拼 | 画 | 摄 |
| 钓 | 园 | 潜 | 戏 | 园 | 缝 | 活 | 织 | 活 | 主 | 动 | 诗 | 品 | 品 |
| 法 | 篮 | 足 | 戏 | 暇 | 利 | 利 | 益 | 球 | 题 | 绘 | 歌 | 球 | 球 |
| 能 | 摄 | 钓 | 能 | 读 | 棒 | 能 | 营 | 趣 | 绘 | 图 | 拼 | 法 | 钓 |
| 绘 | 拼 | 跳 | 游 | 鱼 | 跳 | 织 | 益 | 法 | 篮 | 缝 | 乐 | 篮 | 魔 |
| 游 | 艺 | 拼 | 陶 | 图 | 利 | 陶 | 针 | 阅 | 绘 | 品 | 放 | 瓷 | 跳 |
| 陶 | 魔 | 击 | 钓 | 瓷 | 视 | 觉 | 的 | 图 | 放 | 鱼 | 术 | 读 | 鱼 |
| 乐 | 戏 | 读 | 益 | 诚 | 益 | 营 | 园 | 雕 | 露 | 陶 | 启 | 击 | 远 |
| 纫 | 魔 | 超 | 现 | 实 | 主 | 义 | 数 | 字 | 塑 | 术 | 发 | 活 | 游 |

陶瓷
复杂
组成
雕塑
表达
数字
诚实
心情
启发

原版
个人的
诗歌
简单
象征
超现实主义
主题
视觉的

# 90 - Herboristería

营 绿 法 球 画 放 品 芳 能 足 罗 狩 跳 跳
植 色 藏 红 花 棒 茴 香 菜 法 烹 勒 法 狩
物 画 松 钓 活 游 摄 足 魔 园 饪 摄 织 拼
营 质 露 潜 游 利 游 球 品 戏 图 跳 成 分
篮 花 量 法 大 蒜 足 瓷 营 花 园 露 织 棒
术 戏 魔 棒 读 图 动 松 益 读 动 味 道 影
击 游 迷 选 香 暇 松 狩 球 松 影 薄 荷 针
马 郁 兰 影 足 营 棒 画 戏 暇 球 暇 游 针
技 阅 影 猎 画 艺 鱼 摄 猎 魔 暇 益 游 陶
舞 趣 动 摄 技 图 工 阅 游 鱼 篮 针 活 品
猎 绘 能 拳 针 画 松 游 拼 薰 衣 草 瓷 舞
工 瓷 远 狩 莳 瓷 工 篮 缝 纫 狩 趣 针 远
龙 蒿 拼 画 园 萝 工 足 针 瓷 艺 陶 舞
技 趣 法 击 图 园 拳 击 狩 图 摄 纫 远

大蒜
罗勒
芳香
藏红花
质量
烹饪
莳萝蒿
茴香
成分

花园
薰衣草
马郁兰
薄荷
香菜
植物
迷迭香
味道
绿色

# 91 - Verano

| 暇 | 回 | 忆 | 阅 | 食 | 物 | 露 | 营 | 海 | 钓 | 游 | 戏 | 活 | 绘 |
|---|---|---|---|---|---|---|---|---|---|---|---|---|---|
| 画 | 潜 | 益 | 猎 | 舞 | 趣 | 足 | 松 | 滩 | 击 | 潜 | 技 | 画 | |
| 动 | 读 | 技 | 技 | 纫 | 能 | 瓷 | 钓 | 艺 | 猎 | 法 | 棒 | 工 | 拳 |
| 暇 | 跳 | 跳 | 鱼 | 戏 | 陶 | 露 | 瓷 | 园 | 利 | 魔 | 品 | 露 | 猎 |
| 园 | 露 | 游 | 假 | 猎 | 潜 | 露 | 术 | 绘 | 术 | 远 | 拼 | 喜 | 悦 |
| 球 | 狩 | 球 | 期 | 远 | 益 | 影 | 球 | 暇 | 营 | 朋 | 阅 | 品 | 画 |
| 术 | 拼 | 棒 | 松 | 织 | 读 | 园 | 园 | 趣 | 放 | 友 | 针 | 缝 | 品 |
| 星 | 术 | 活 | 绘 | 能 | 游 | 利 | 园 | 术 | 摄 | 猎 | 读 | 艺 | 缝 |
| 星 | 棒 | 潜 | 纫 | 影 | 图 | 潜 | 图 | 旅 | 艺 | 织 | 猎 | 阅 | 陶 |
| 游 | 利 | 技 | 水 | 画 | 动 | 活 | 品 | 行 | 球 | 瓷 | 艺 | 绘 | 摄 |
| 足 | 乐 | 纫 | 音 | 戏 | 能 | 阅 | 家 | 花 | 园 | 戏 | 戏 | 放 | 品 |
| 书 | 凉 | 鞋 | 乐 | 影 | 拼 | 技 | 暇 | 图 | 击 | 松 | 放 | 松 | 乐 |
| 图 | 籍 | 暇 | 戏 | 针 | 画 | 能 | 摄 | 放 | 技 | 摄 | 钓 | 纫 | 露 |
| 乐 | 远 | 舞 | 鱼 | 露 | 家 | 庭 | 品 | 利 | 园 | 松 | 瓷 | 益 | 篮 |

喜悦
朋友
潜水
露营
食物
星星
家庭
花园
游戏

书籍
音乐
海滩
回忆
放松
凉鞋
假期
旅行

# 92 - Insectos

| 松 | 蚊 | 足 | 狩 | 蚜 | 狩 | 技 | 足 | 动 | 潜 | 狩 | 织 | 舞 | 利 |
| 图 | 子 | 猎 | 魔 | 篮 | 暇 | 篮 | 读 | 阅 | 甲 | 瓷 | 跳 | 瓷 | 针 |
| 拳 | 品 | 钓 | 露 | 术 | 拼 | 瓷 | 术 | 瓢 | 虫 | 狩 | 露 | 篮 | 趣 |
| 图 | 摄 | 法 | 阅 | 术 | 钓 | 足 | 针 | 放 | 法 | 乐 | 营 | 益 | 潜 |
| 蜻 | 读 | 乐 | 球 | 画 | 钓 | 摄 | 钓 | 白 | 蚁 | 球 | 蝉 | 益 | 拼 |
| 工 | 蜓 | 击 | 瓷 | 图 | 狩 | 远 | 大 | 露 | 趣 | 织 | 术 | 钓 | 棒 |
| 猎 | 动 | 能 | 术 | 技 | 拼 | 图 | 黄 | 利 | 绘 | 艺 | 乐 | 术 | 蛾 |
| 拳 | 暇 | 击 | 缝 | 纫 | 足 | 蜜 | 蜂 | 蜂 | 利 | 松 | 艺 | 蚂 | 术 |
| 画 | 棒 | 工 | 趣 | 陶 | 利 | 暇 | 螳 | 击 | 影 | 画 | 跳 | 蚁 | 松 |
| 蝴 | 蝶 | 技 | 钓 | 棒 | 读 | 蟑 | 螂 | 蚱 | 足 | 放 | 画 | 蚤 | 舞 |
| 动 | 工 | 潜 | 足 | 钓 | 放 | 幼 | 虫 | 蜢 | 术 | 狩 | 鱼 | 能 | 瓷 |
| 针 | 针 | 读 | 法 | 针 | 蠕 | 拳 | 放 | 品 | 摄 | 戏 | 球 | 画 | 绘 |
| 露 | 瓷 | 瓷 | 鱼 | 陶 | 虫 | 露 | 针 | 影 | 技 | 绘 | 工 | 读 | 摄 |
| 法 | 棒 | 球 | 舞 | 露 | 钓 | 工 | 暇 | 瓷 | 园 | 陶 | 阅 | 益 | 缝 |

蜜蜂
黄蜂
大黄蜂
蟑螂
甲虫
蠕虫
蚂蚁
幼虫

蜻蜓
螳螂
蝴蝶
瓢虫
蚊子
跳蚤
蚱蜢
白蚁

# 93 - Especias

| 利 | 法 | 趣 | 纫 | 戏 | 味 | 道 | 陶 | 摄 | 丁 | 香 | 藏 | 香 | 草 |
|---|---|---|---|---|---|---|---|---|---|---|---|---|---|
| 跳 | 篮 | 拳 | 钓 | 鱼 | 纫 | 松 | 利 | 足 | 趣 | 放 | 红 | 球 | 瓷 |
| 影 | 术 | 术 | 陶 | 游 | 画 | 瓷 | 园 | 营 | 能 | 品 | 花 | 缝 | 瓷 |
| 针 | 织 | 肉 | 豆 | 蔻 | 瓷 | 技 | 陶 | 陶 | 暇 | 工 | 缝 | 艺 | 能 |
| 松 | 营 | 桂 | 益 | 舞 | 露 | 鱼 | 画 | 瓷 | 棒 | 篮 | 松 | 绘 | 孜 |
| 趣 | 画 | 绘 | 阅 | 潜 | 游 | 瓷 | 陶 | 缝 | 益 | 工 | 足 | 戏 | 然 |
| 戏 | 魔 | 绘 | 趣 | 益 | 潜 | 纫 | 阅 | 动 | 园 | 跳 | 工 | 球 | 游 |
| 技 | 戏 | 露 | 棒 | 品 | 图 | 篮 | 针 | 游 | 狩 | 酸 | 魔 | 放 | 术 |
| 大 | 拼 | 营 | 营 | 远 | 篮 | 苦 | 陶 | 球 | 甜 | 蜜 | 的 | 放 | 读 |
| 蒜 | 活 | 织 | 胡 | 辣 | 织 | 拳 | 击 | 技 | 乐 | 鱼 | 姜 | 足 | 摄 |
| 营 | 咖 | 喱 | 潜 | 椒 | 戏 | 纫 | 读 | 绘 | 击 | 拼 | 狩 | 技 | 鱼 |
| 甘 | 豆 | 潜 | 茴 | 粉 | 戏 | 篮 | 瓷 | 工 | 趣 | 击 | 潜 | 游 | 盐 |
| 草 | 露 | 蔻 | 香 | 活 | 魔 | 洋 | 葱 | 瓷 | 游 | 摄 | 益 | 舞 | 阅 |
| 瓷 | 技 | 动 | 舞 | 缝 | 益 | 术 | 猎 | 鱼 | 远 | 松 | 击 | 益 | 绘 |

酸的
大蒜
藏红花
肉桂
豆蔻
洋葱
丁香
孜然
咖喱

甜蜜的
茴香
肉豆蔻
辣椒粉
胡椒
甘草
味道
香草

# 94 - Emociones

| 极 | 乐 | 工 | 技 | 戏 | 暇 | 拳 | 营 | 术 | 拼 | 摄 | 球 | 棒 | 图 |
|---|---|---|---|---|---|---|---|---|---|---|---|---|---|
| 惊 | 拼 | 营 | 法 | 游 | 和 | 内 | 容 | 放 | 阅 | 拳 | 术 | 画 | 棒 |
| 喜 | 活 | 篮 | 园 | 图 | 平 | 针 | 工 | 远 | 舞 | 恐 | 松 | 猎 | 爱 |
| 游 | 游 | 远 | 放 | 猎 | 静 | 法 | 影 | 摄 | 露 | 惧 | 拼 | 艺 | 读 |
| 露 | 温 | 柔 | 针 | 满 | 图 | 法 | 松 | 游 | 猎 | 趣 | 无 | 悲 | 伤 |
| 术 | 织 | 篮 | 钓 | 技 | 意 | 足 | 品 | 游 | 影 | 读 | 聊 | 远 | 狩 |
| 愤 | 工 | 暇 | 益 | 猎 | 读 | 松 | 术 | 钓 | 陶 | 善 | 良 | 狩 | 技 |
| 棒 | 怒 | 放 | 游 | 喜 | 棒 | 术 | 潜 | 篮 | 狩 | 营 | 纫 | 工 | 法 |
| 缝 | 足 | 瓷 | 篮 | 悦 | 露 | 足 | 足 | 击 | 园 | 足 | 松 | 摄 | 绘 |
| 活 | 戏 | 纫 | 潜 | 猎 | 品 | 绘 | 暇 | 趣 | 露 | 暇 | 绘 | 针 | 园 |
| 游 | 图 | 狩 | 游 | 画 | 活 | 击 | 乐 | 露 | 影 | 能 | 技 | 棒 | 放 |
| 利 | 法 | 绘 | 击 | 拼 | 远 | 能 | 阅 | 瓷 | 狩 | 同 | 情 | 拼 | 宁 |
| 趣 | 画 | 动 | 放 | 艺 | 戏 | 乐 | 狩 | 摄 | 同 | 营 | 游 | 篮 | 静 |
| 营 | 舞 | 摄 | 画 | 松 | 猎 | 鱼 | 跳 | 工 | 画 | 游 | 感 | 激 | 的 |

无聊
感激的
喜悦
极乐
善良
平静
内容
愤怒
恐惧

和平
放松
满意
同情
惊喜
温柔
宁静
悲伤

| | | | | | | | | | | | | | |
|---|---|---|---|---|---|---|---|---|---|---|---|---|---|
| 摄 | 远 | 纫 | 能 | 球 | 钓 | 跳 | 法 | 工 | 技 | 盎 | 克 | 鱼 | 球 |
| 摄 | 织 | 舞 | 营 | 法 | 狩 | 钓 | 摄 | 能 | 魔 | 司 | 法 | 营 | 乐 |
| 工 | 摄 | 阅 | 拼 | 利 | 益 | 宽 | 鱼 | 陶 | 拼 | 利 | 远 | 绘 | 长 |
| 狩 | 放 | 活 | 摄 | 击 | 高 | 度 | 升 | 陶 | 图 | 园 | 潜 | 益 | 度 |
| 术 | 术 | 技 | 深 | 利 | 分 | 绘 | 暇 | 园 | 画 | 陶 | 纫 | 读 | 舞 |
| 松 | 乐 | 织 | 术 | 度 | 阅 | 钟 | 重 | 量 | 利 | 潜 | 纫 | 篮 | 营 |
| 棒 | 魔 | 品 | 影 | 舞 | 活 | 术 | 益 | 技 | 松 | 趣 | 图 | 读 | 能 |
| 技 | 公 | 斤 | 潜 | 术 | 放 | 缝 | 陶 | 远 | 魔 | 字 | 纫 | 艺 | 击 |
| 英 | 寸 | 里 | 猎 | 瓷 | 瓷 | 狩 | 戏 | 园 | 品 | 节 | 魔 | 纫 | 潜 |
| 远 | 鱼 | 拳 | 戏 | 戏 | 阅 | 趣 | 击 | 击 | 画 | 营 | 球 | 乐 | 动 |
| 阅 | 法 | 鱼 | 动 | 厘 | 米 | 能 | 读 | 狩 | 图 | 活 | 乐 | 技 | 棒 |
| 十 | 进 | 制 | 松 | 营 | 绘 | 针 | 织 | 跳 | 球 | 能 | 魔 | 放 | 篮 |
| 织 | 暇 | 猎 | 拼 | 法 | 能 | 摄 | 吨 | 棒 | 织 | 卷 | 暇 | 陶 | 趣 |
| 放 | 品 | 脱 | 营 | 艺 | 趣 | 营 | 影 | 乐 | 钓 | 园 | 质 | 量 | 针 |

高度
宽度
字节
厘米
十进制
公斤
公里
长度

质量
分钟
盎司
重量
品脱
深度
英寸

# 96 - Barcos

| 筏 | 鱼 | 足 | 潜 | 阅 | 营 | 篮 | 狩 | 动 | 篮 | 动 | 击 | 击 | 戏 |
| 渡 | 轮 | 游 | 魔 | 足 | 独 | 画 | 暇 | 动 | 能 | 绘 | 陶 | 画 | 潜 |
| 暇 | 皮 | 艇 | 浮 | 营 | 利 | 木 | 露 | 画 | 击 | 狩 | 拼 | 暇 | 营 |
| 海 | 上 | 的 | 标 | 暇 | 乐 | 工 | 舟 | 利 | 足 | 动 | 钓 | 跳 | 海 |
| 洋 | 利 | 绘 | 魔 | 钓 | 篮 | 织 | 狩 | 猎 | 品 | 阅 | 戏 | 术 | 事 |
| 画 | 足 | 图 | 狩 | 魔 | 趣 | 趣 | 帆 | 棒 | 纫 | 营 | 绘 | 狩 | 潮 |
| 暇 | 球 | 缝 | 术 | 钓 | 品 | 艺 | 船 | 潜 | 乐 | 足 | 拼 | 绳 | 河 |
| 活 | 织 | 游 | 艺 | 篮 | 图 | 水 | 员 | 品 | 缝 | 趣 | 狩 | 子 | 乐 |
| 魔 | 工 | 拳 | 锚 | 松 | 球 | 手 | 图 | 狩 | 远 | 猎 | 足 | 潜 | 艺 |
| 放 | 活 | 拼 | 暇 | 品 | 活 | 画 | 园 | 钓 | 引 | 舞 | 图 | 拼 | 球 |
| 钓 | 暇 | 读 | 舞 | 乐 | 游 | 棒 | 潜 | 能 | 擎 | 桅 | 杆 | 利 | 拼 |
| 篮 | 织 | 游 | 针 | 影 | 戏 | 击 | 远 | 动 | 园 | 法 | 工 | 鱼 | 跳 |
| 活 | 缝 | 陶 | 营 | 猎 | 戏 | 针 | 游 | 能 | 拼 | 舞 | 趣 | 工 | 放 |
| 陶 | 瓷 | 艺 | 棒 | 影 | 活 | 画 | 阅 | 放 | 瓷 | 阅 | 湖 | 拳 | 鱼 |

浮标          桅杆

独木舟      引擎

绳子         海上的

渡轮         海洋

皮艇         船员

水手         帆船

海事         游艇

# 97 - Antártida

| | | | | | | | | | | | | |
|---|---|---|---|---|---|---|---|---|---|---|---|---|
| 纫 | 拳 | 影 | 法 | 图 | 读 | 针 | 远 | 园 | 球 | 阅 | 针 | 大 | 陆 |
| 猎 | 移 | 利 | 棒 | 针 | 冰 | 摄 | 术 | 术 | 术 | 地 | 篮 | 拳 | 水 |
| 影 | 篮 | 民 | 远 | 猎 | 钓 | 趣 | 猎 | 缝 | 营 | 理 | 绘 | 读 | 拳 |
| 图 | 远 | 缝 | 征 | 潜 | 乐 | 营 | 绘 | 品 | 魔 | 研 | 究 | 员 | 湾 |
| 技 | 画 | 猎 | 跳 | 企 | 鹅 | 放 | 地 | 形 | 戏 | 击 | 瓷 | 园 | 画 |
| 拼 | 岛 | 保 | 护 | 针 | 绘 | 能 | 远 | 图 | 艺 | 针 | 陶 | 露 | 法 |
| 鱼 | 屿 | 狩 | 潜 | 冰 | 川 | 鸟 | 类 | 魔 | 阅 | 陶 | 陶 | 织 | 击 |
| 缝 | 远 | 图 | 益 | 工 | 露 | 绘 | 舞 | 洛 | 奇 | 暇 | 足 | 利 | 拼 |
| 松 | 温 | 击 | 露 | 暇 | 工 | 织 | 织 | 园 | 暇 | 科 | 乐 | 针 | 工 |
| 云 | 度 | 潜 | 摄 | 舞 | 利 | 图 | 露 | 舞 | 棒 | 学 | 乐 | 远 | 松 |
| 远 | 松 | 工 | 读 | 戏 | 工 | 篮 | 击 | 放 | 乐 | 的 | 能 | 织 | 猎 |
| 篮 | 活 | 画 | 影 | 影 | 品 | 暇 | 品 | 半 | 棒 | 画 | 针 | 法 | 技 |
| 艺 | 魔 | 益 | 工 | 法 | 动 | 益 | 舞 | 岛 | 读 | 阅 | 潜 | 放 | 跳 |
| 品 | 绘 | 趣 | 阅 | 暇 | 工 | 瓷 | 技 | 织 | 拼 | 矿 | 物 | 织 | 影 |

| | |
|---|---|
| 科学的 | 移民 |
| 保护 | 矿物 |
| 大陆 | 鸟类 |
| 远征 | 半岛 |
| 地理 | 企鹅 |
| 冰川 | 洛奇 |
| 研究员 | 温度 |
| 岛屿 | 地形 |

# 98 - Piratas

| 法 | 远 | 篮 | 营 | 读 | 猎 | 舞 | 坏 | 能 | 工 | 乐 | 戏 | 园 | 工 |
|---|---|---|---|---|---|---|---|---|---|---|---|---|---|
| 艺 | 拼 | 朗 | 姆 | 酒 | 游 | 船 | 陶 | 品 | 瓷 | 队 | 露 | 织 | 篮 |
| 瓷 | 放 | 营 | 缝 | 影 | 幼 | 员 | 篮 | 足 | 击 | 乐 | 长 | 技 | 跳 |
| 品 | 松 | 篮 | 阅 | 绘 | 鹦 | 鹉 | 击 | 阅 | 织 | 地 | 图 | 画 | 足 |
| 画 | 画 | 球 | 猎 | 黄 | 影 | 游 | 锚 | 图 | 图 | 足 | 营 | 拼 | 影 |
| 钓 | 品 | 活 | 硬 | 金 | 拳 | 缝 | 利 | 球 | 缝 | 趣 | 趣 | 暇 | 拳 |
| 潜 | 海 | 滩 | 币 | 岛 | 棒 | 足 | 狩 | 剑 | 影 | 艺 | 足 | 活 | 足 |
| 放 | 跳 | 暇 | 术 | 旗 | 钓 | 跳 | 拼 | 趣 | 游 | 戏 | 放 | 魔 | 绘 |
| 绘 | 松 | 图 | 摄 | 跳 | 戏 | 绘 | 缝 | 图 | 球 | 陶 | 击 | 利 | 阅 |
| 篮 | 远 | 陶 | 舞 | 读 | 趣 | 鱼 | 织 | 击 | 罗 | 法 | 营 | 绘 | 钓 |
| 鱼 | 艺 | 猎 | 狩 | 读 | 益 | 益 | 足 | 画 | 盘 | 拼 | 活 | 击 | 露 |
| 织 | 画 | 露 | 戏 | 危 | 利 | 球 | 幼 | 织 | 读 | 远 | 传 | 跳 | 陶 |
| 宝 | 动 | 能 | 冒 | 险 | 园 | 陶 | 缝 | 品 | 法 | 乐 | 疤 | 说 | 营 |
| 藏 | 戏 | 乐 | 园 | 法 | 足 | 法 | 击 | 狩 | 洞 | 穴 | 痕 | 足 | 趣 |

险                                    币
冒 盘                              硬 金
罗 队 长 痕                      黄 险 滩
疤 洞 穴 说 鹉                  危 海 朗 姆 酒
传 鹦 地 图                      宝 藏 船 员

# 99 - Mamíferos

| 海 | 艺 | 营 | 拼 | 品 | 猎 | 潜 | 放 | 魔 | 法 | 远 | 远 | 篮 | 工 |
| 豚 | 钓 | 球 | 钓 | 猎 | 猫 | 织 | 园 | 趣 | 放 | 长 | 颈 | 鹿 | 狩 |
| 画 | 营 | 拳 | 益 | 工 | 足 | 影 | 篮 | 乐 | 松 | 松 | 拳 | 鲸 | 狗 |
| 拳 | 露 | 品 | 公 | 图 | 斑 | 足 | 艺 | 松 | 针 | 棒 | 缝 | 游 | 露 |
| 戏 | 针 | 乐 | 牛 | 舞 | 术 | 马 | 拼 | 松 | 瓷 | 针 | 松 | 魔 | 摄 |
| 舞 | 拳 | 能 | 利 | 球 | 摄 | 羊 | 阅 | 画 | 艺 | 跳 | 游 | 能 | 营 |
| 阅 | 瓷 | 袋 | 品 | 驴 | 棒 | 戏 | 兔 | 暇 | 松 | 纫 | 球 | 艺 | 拼 |
| 阅 | 利 | 鼠 | 露 | 击 | 潜 | 狼 | 子 | 拼 | 魔 | 跳 | 绘 | 摄 | 织 |
| 大 | 猩 | 猩 | 利 | 戏 | 足 | 绘 | 园 | 陶 | 阅 | 球 | 瓷 | 跳 | 松 |
| 象 | 工 | 品 | 绘 | 影 | 钓 | 艺 | 戏 | 读 | 松 | 园 | 纫 | 跳 | 图 |
| 狐 | 暇 | 法 | 骆 | 驼 | 放 | 园 | 暇 | 拼 | 营 | 戏 | 暇 | 钓 | 熊 |
| 狸 | 阅 | 术 | 法 | 读 | 跳 | 图 | 瓷 | 活 | 动 | 郊 | 狼 | 暇 | 篮 |
| 游 | 术 | 利 | 猎 | 针 | 足 | 棒 | 技 | 纫 | 品 | 影 | 猴 | 陶 | 拼 |
| 露 | 松 | 足 | 艺 | 益 | 益 | 瓷 | 暇 | 趣 | 拳 | 技 | 子 | 读 | 图 |

骆驼          大象

袋鼠          大猩猩

斑马          长颈鹿

兔子          猴子

郊狼          公牛

海豚          狐狸

| | | | | | | | | | | | | |
|---|---|---|---|---|---|---|---|---|---|---|---|---|
| 放 | 击 | 钓 | 戏 | 活 | 钓 | 利 | 绘 | 鱼 | 品 | 摄 | 篮 | 鱼 | 动 |
| 品 | 趣 | 园 | 绘 | 艺 | 纫 | 蜂 | 蜜 | 拼 | 棒 | 放 | 植 | 品 | 活 |
| 开 | 针 | 绘 | 利 | 瓷 | 放 | 有 | 花 | 陶 | 戏 | 钓 | 食 | 物 | 暇 |
| 花 | 画 | 工 | 传 | 篮 | 球 | 益 | 园 | 绘 | 击 | 昆 | 拳 | 活 | 图 |
| 蜡 | 露 | 花 | 粉 | 缝 | 群 | 的 | 术 | 舞 | 拳 | 虫 | 绘 | 摄 | 棒 |
| 利 | 露 | 乐 | 者 | 织 | 术 | 舞 | 露 | 水 | 果 | 游 | 绘 | 拼 | 活 |
| 针 | 魔 | 太 | 女 | 陶 | 戏 | 图 | 松 | 织 | 露 | 阅 | 利 | 活 | 跳 |
| 术 | 趣 | 阳 | 跳 | 王 | 阅 | 狩 | 艺 | 钓 | 影 | 能 | 法 | 能 | 图 |
| 鱼 | 蜂 | 摄 | 活 | 图 | 球 | 术 | 乐 | 潜 | 戏 | 篮 | 画 | 跳 | 拳 |
| 翅 | 暇 | 巢 | 跳 | 针 | 织 | 魔 | 术 | 织 | 猎 | 术 | 松 | 技 | 拼 |
| 膀 | 暇 | 拼 | 工 | 园 | 营 | 艺 | 篮 | 趣 | 利 | 露 | 陶 | 松 | 松 |
| 艺 | 能 | 缝 | 多 | 样 | 性 | 生 | 态 | 系 | 统 | 动 | 棒 | 篮 | 陶 |
| 活 | 放 | 术 | 拳 | 缝 | 工 | 足 | 烟 | 拼 | 狩 | 戏 | 猎 | 技 | 品 |
| 动 | 利 | 跳 | 暇 | 拼 | 钓 | 松 | 趣 | 绘 | 绘 | 针 | 陶 | 拼 | 阅 |

| | |
|---|---|
| 翅膀 | 昆虫 |
| 有益的 | 花园 |
| 蜂巢 | 蜂蜜 |
| 食物 | 植物 |
| 多样性 | 花粉 |
| 生态系统 | 传粉者 |
| 开花 | 女王 |
| 水果 | 太阳 |

## 1 - Ajedrez

## 2 - Agua

## 3 - Granja #2

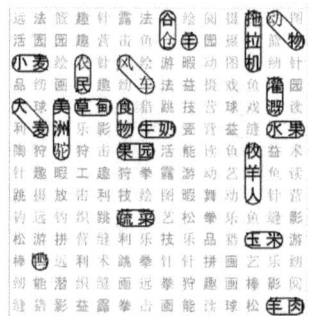

## 4 - Mueble

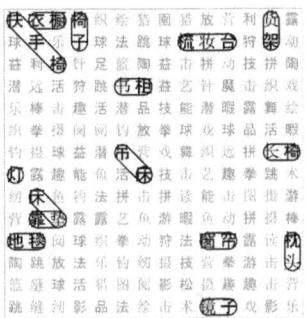

## 5 - Pesca

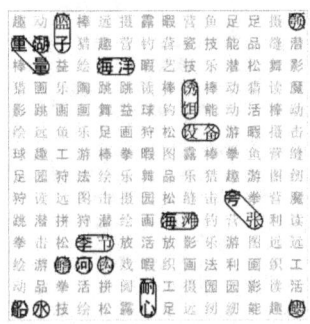

## 6 - Aviones

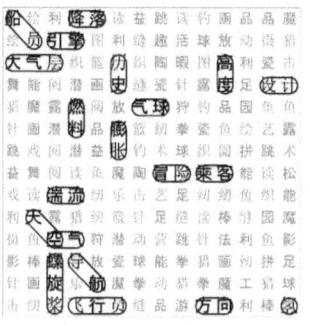

## 7 - Tipos de Cabello

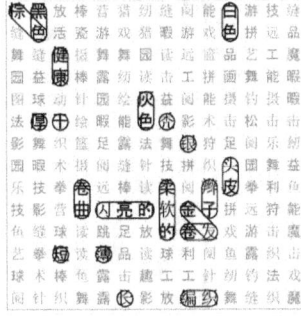

## 8 - Ciencia Ficción

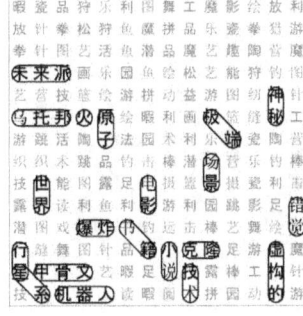

## 9 - Juguetes

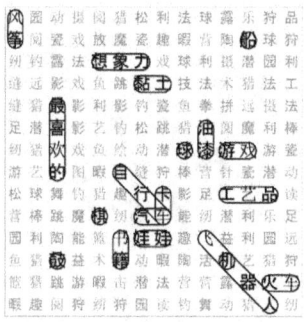

## 10 - Circo

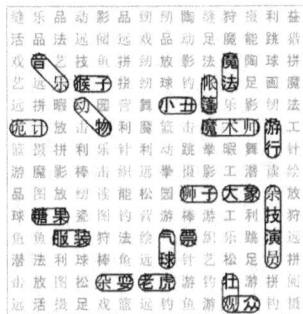

## 11 - Rellenar

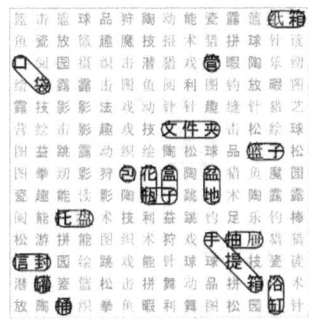

## 12 - Granja #1

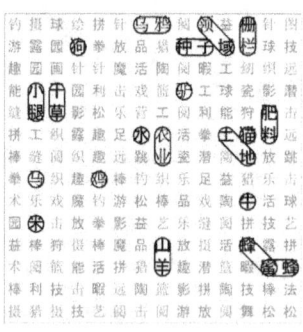

## 13 - Camping

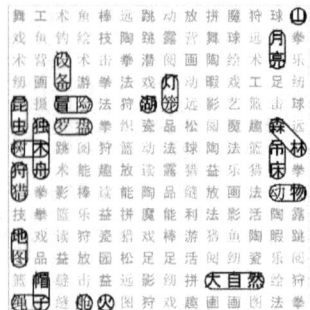

## 14 - Fruta

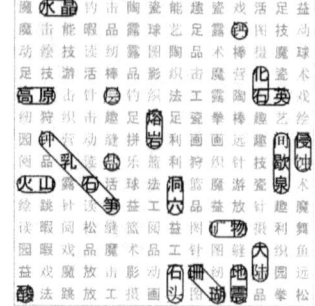

## 15 - Geología

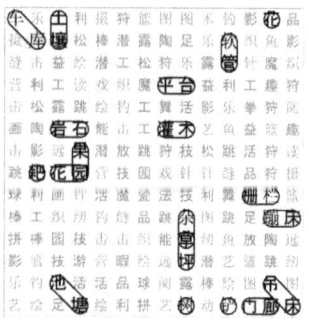

## 16 - Plantas

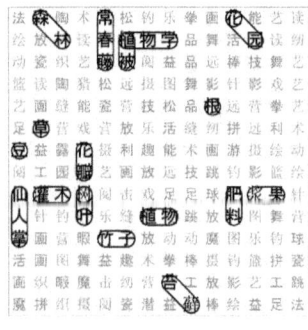

## 17 - Suministros de Arte

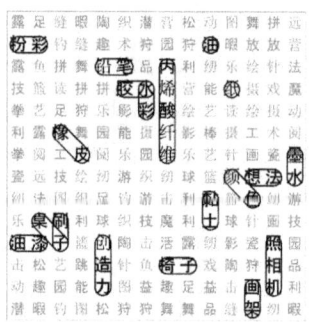

## 18 - Jardín

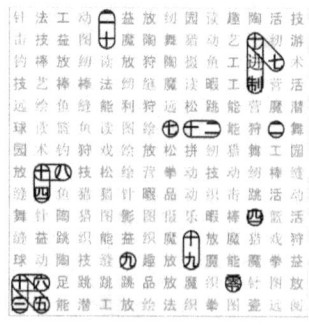

## 19 - Países #2

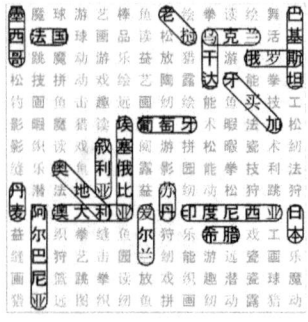

## 20 - Tecnología

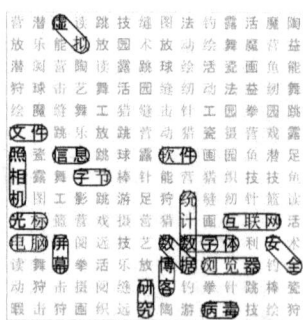

## 21 - Números

## 22 - Mitología

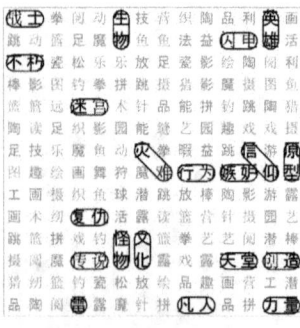

## 23 - Ecología

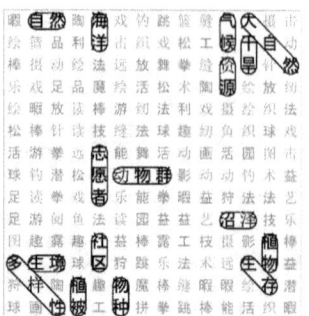

## 24 - Herramientas

## 25 - Casa

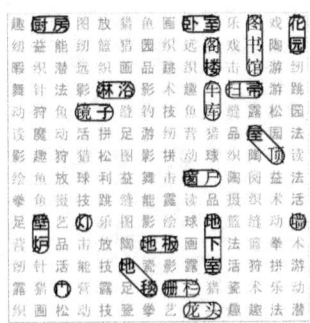

## 26 - Artes Visuales

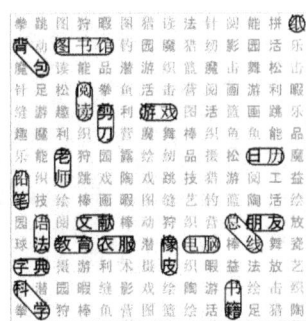

## 27 - Escuela #2

## 28 - Selva Tropical

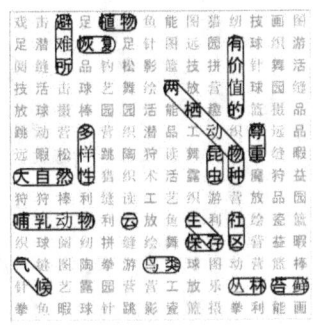

## 29 - Colores

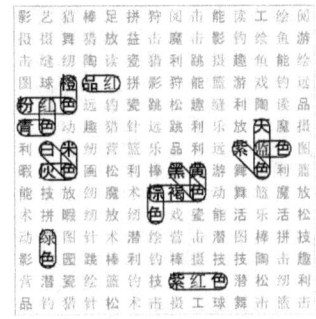

## 30 - Adjetivos #1

## 31 - Familia

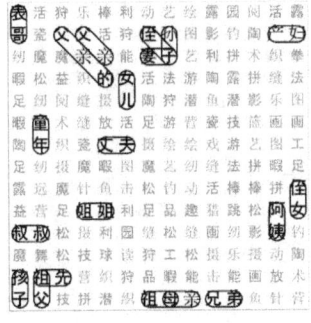

## 32 - Disciplinas Científicas

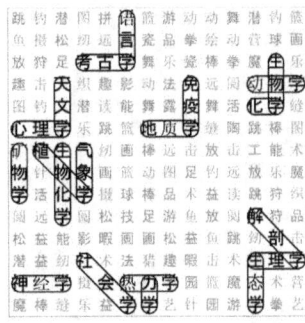

## 33 - Gatos

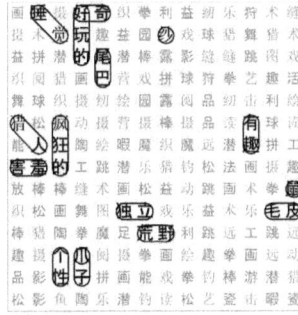

## 34 - Cocina

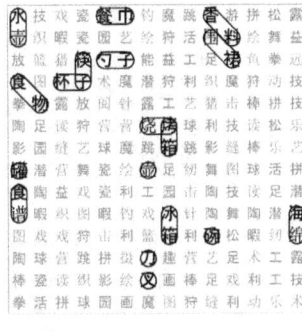

## 35 - Escuela #1

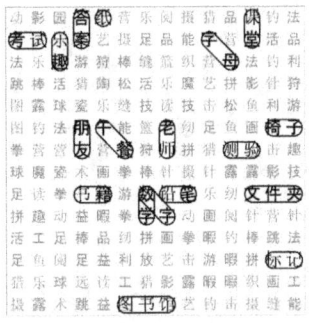

## 36 - Adjetivos #2

## 37 - Cuerpo Humano

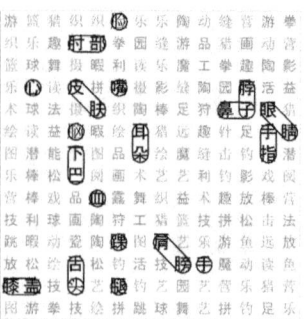

## 38 - Ciencia

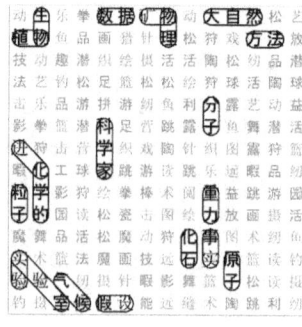

## 39 - Dinosaurios

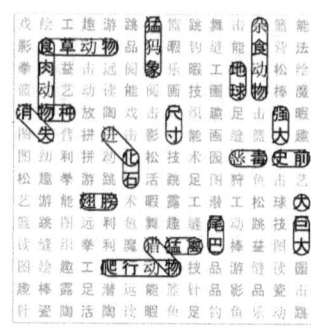

## 40 - Restaurante #2

## 41 - Profesiones #1

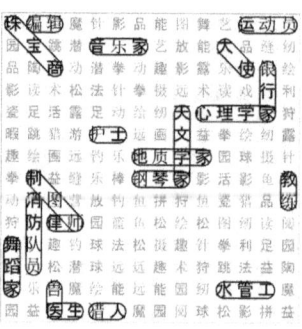

## 42 - Vehículos

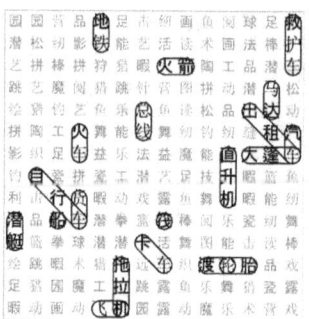

## 43 - Vacaciones #2

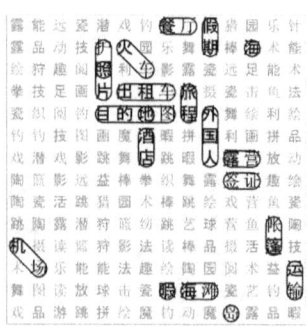

## 44 - Cumpleaños

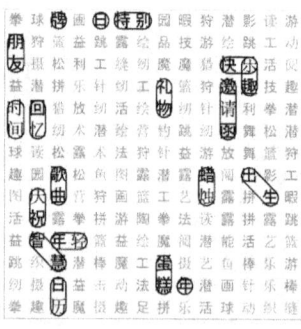

## 45 - Baile

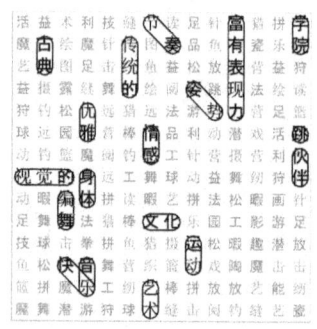

## 46 - Matemáticas

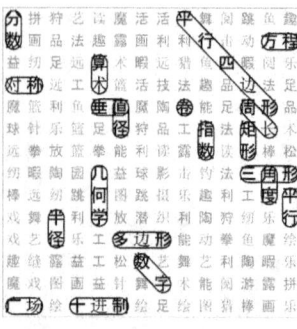

## 47 - Restaurante #1

## 48 - Profesiones #2

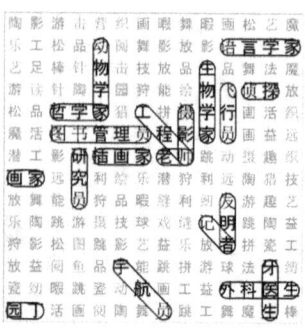

## 49 - Senderismo

## 50 - Naturaleza

## 51 - Vacaciones #1

## 52 - Conduciendo

## 53 - Ballet

## 54 - Aventura

## 55 - Pájaros

## 56 - Playa

## 57 - Surf

## 58 - Geografía

## 59 - Deportes

## 60 - Actividades

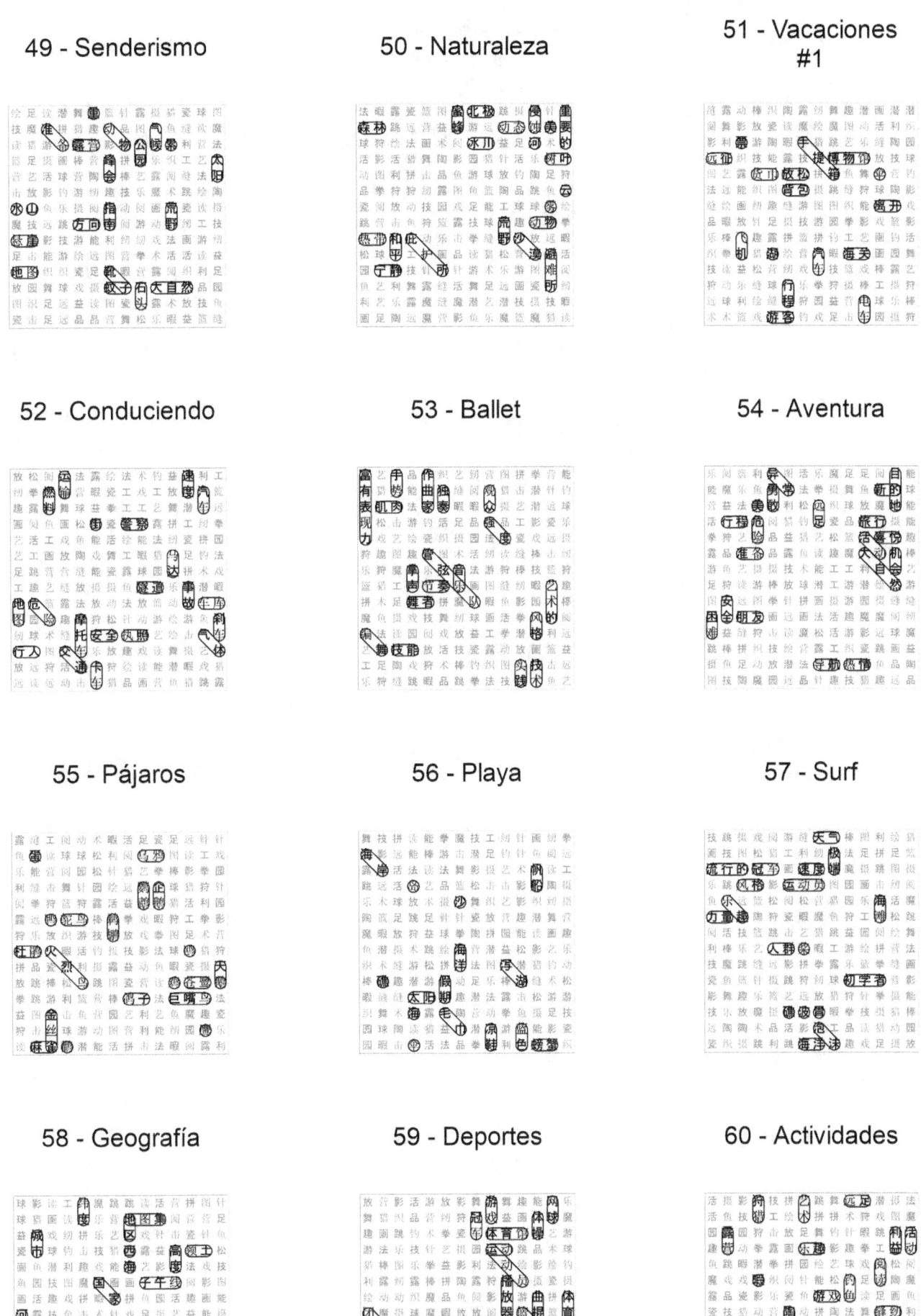

## 61 - Verduras

## 62 - Instrumentos Musicales

## 63 - Mascotas

## 64 - Formas

## 65 - Flores

## 66 - Astronomía

## 67 - Tiempo

## 68 - Paisajes

## 69 - Días y Meses

## 70 - Chocolate

## 71 - Barbacoas

## 72 - Ropa

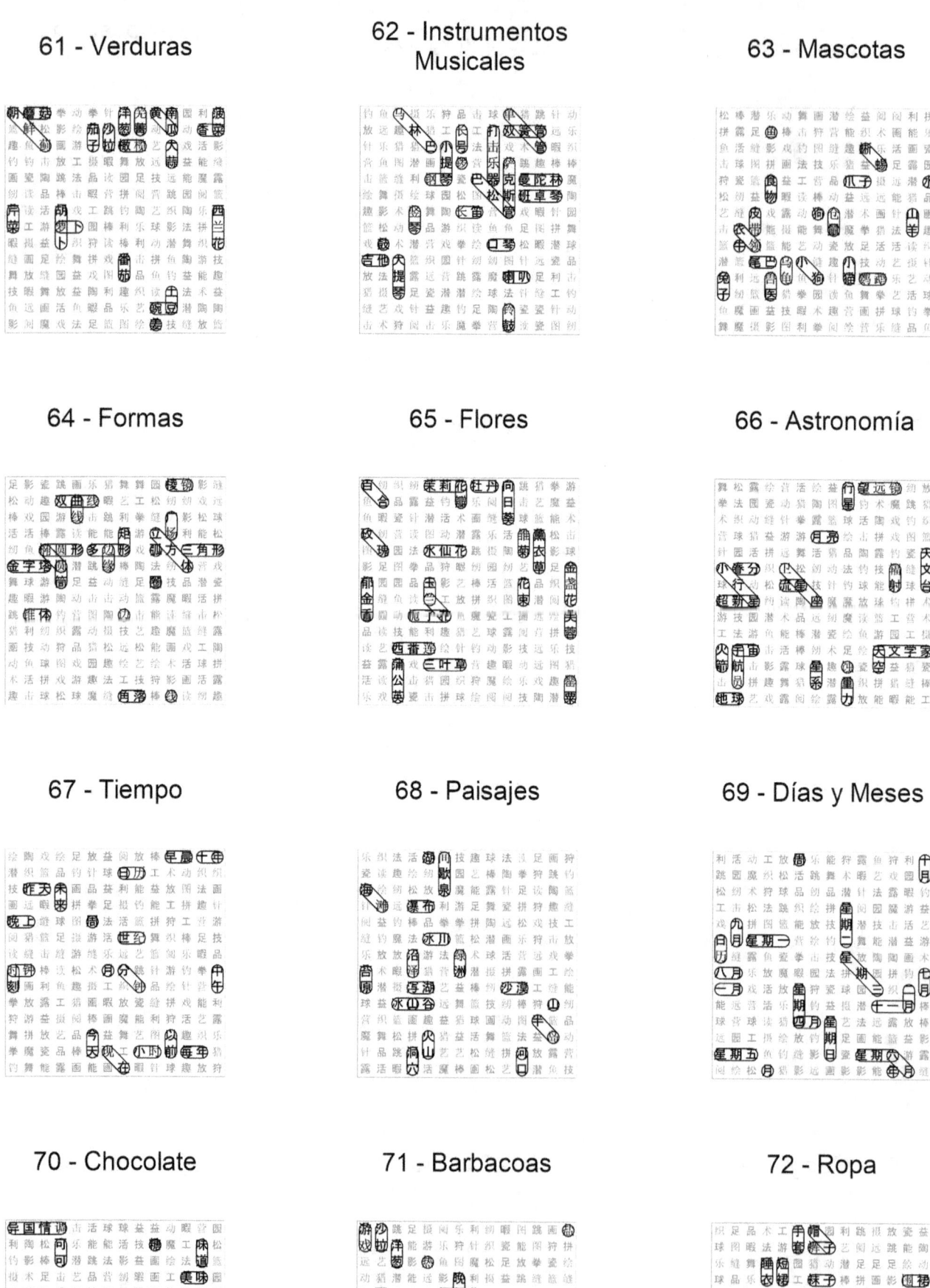

## 73 - Meditación

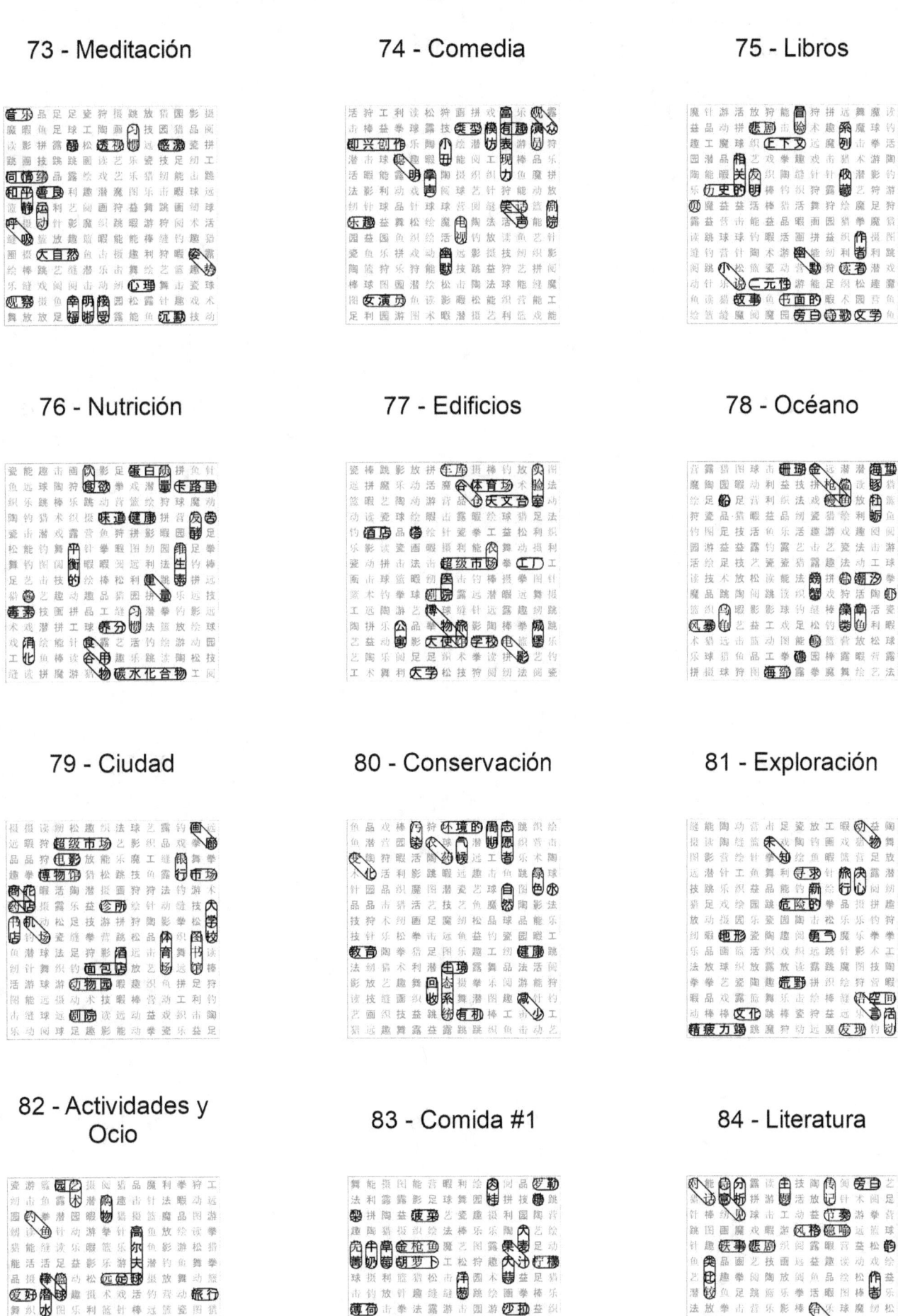

## 74 - Comedia

## 75 - Libros

## 76 - Nutrición

## 77 - Edificios

## 78 - Océano

## 79 - Ciudad

## 80 - Conservación

## 81 - Exploración

## 82 - Actividades y Ocio

## 83 - Comida #1

## 84 - Literatura

## 85 - Baño

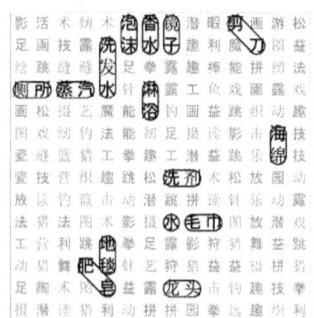

## 86 - Clima

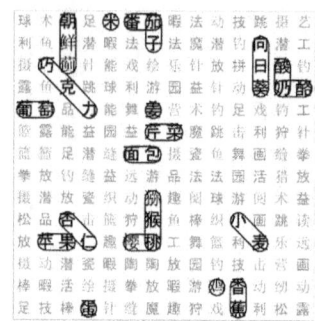

## 87 - Comida #2

## 88 - Castillos

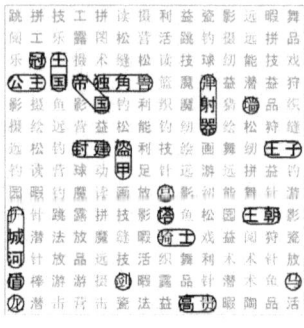

## 89 - Arte

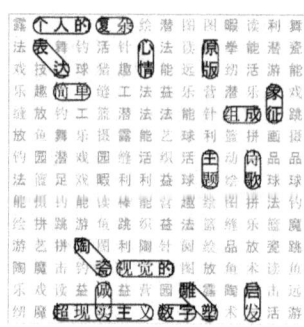

## 90 - Herboristería

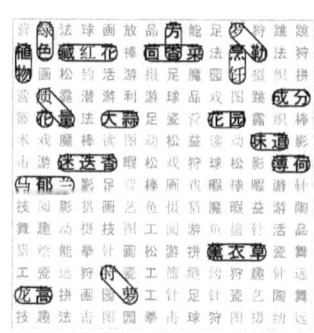

## 91 - Verano

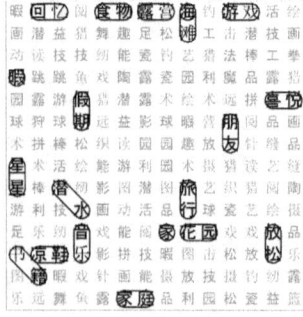

## 92 - Insectos

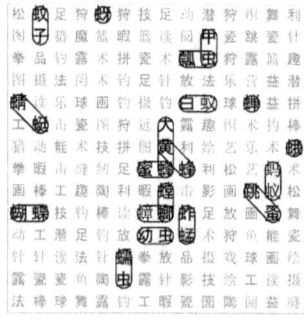

## 93 - Especias

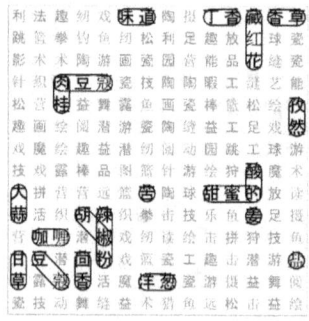

## 94 - Emociones

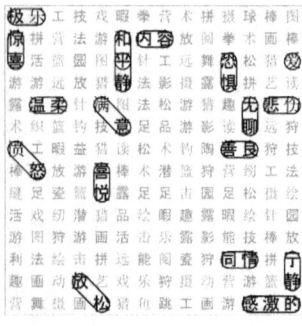

## 95 - Mediciones

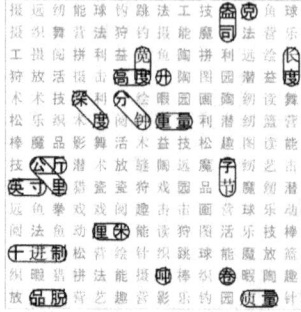

## 96 - Barcos

## 97 - Antártida

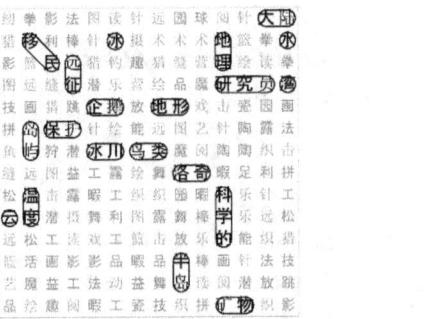

## 98 - Piratas

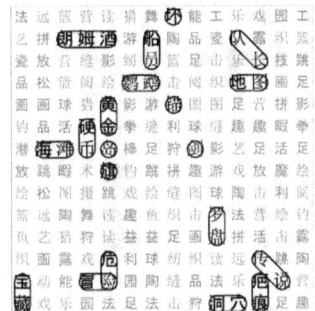

## 99 - Mamíferos

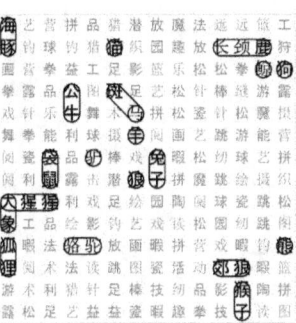

## 100 - Abejas

# Diccionario

## Abejas
## 蜜蜂

| | |
|---|---|
| Alas | 翅膀 |
| Beneficioso | 有益的 |
| Cera | 蜡 |
| Colmena | 蜂巢 |
| Comida | 食物 |
| Diversidad | 多样性 |
| Ecosistema | 生态系统 |
| Enjambre | 群 |
| Flor | 开花 |
| Flores | 花 |
| Fruta | 水果 |
| Humo | 烟 |
| Insecto | 昆虫 |
| Jardín | 花园 |
| Miel | 蜂蜜 |
| Plantas | 植物 |
| Polen | 花粉 |
| Polinizador | 传粉者 |
| Reina | 女王 |
| Sol | 太阳 |

## Actividades
## 活动

| | |
|---|---|
| Actividad | 活动 |
| Arte | 艺术 |
| Artesanía | 工艺品 |
| Camping | 露营 |
| Caza | 狩猎 |
| Cerámica | 陶瓷 |
| Costura | 缝纫 |
| Fotografía | 摄影 |
| Habilidad | 技能 |
| Intereses | 利益 |
| Jardinería | 园艺 |
| Juegos | 游戏 |
| Lectura | 阅读 |
| Magia | 魔法 |
| Ocio | 暇 |
| Pesca | 钓鱼 |
| Placer | 乐趣 |
| Relajación | 放松 |
| Rompecabezas | 拼图 |
| Senderismo | 远足 |

## Actividades y Ocio
## 活动和休闲

| | |
|---|---|
| Aficiones | 爱好 |
| Arte | 艺术 |
| Baloncesto | 篮球 |
| Béisbol | 棒球 |
| Boxeo | 拳击 |
| Buceo | 潜水 |
| Camping | 露营 |
| Compras | 购物 |
| Fútbol | 足球 |
| Golf | 高尔夫球 |
| Jardinería | 园艺 |
| Natación | 游泳 |
| Pesca | 钓鱼 |
| Relajante | 放松 |
| Senderismo | 远足 |
| Surf | 冲浪 |
| Tenis | 网球 |
| Viaje | 旅行 |
| Voleibol | 排球 |

## Adjetivos #1
## 形容词 #1

| | |
|---|---|
| Absoluto | 绝对 |
| Ambicioso | 有雄心 |
| Aromático | 芳香 |
| Atractivo | 吸引力 |
| Brillante | 明亮 |
| Enorme | 巨大的 |
| Exótico | 异国情调 |
| Generoso | 慷慨 |
| Grande | 大 |
| Honesto | 诚实 |
| Importante | 重要的 |
| Inocente | 无辜的 |
| Joven | 年轻 |
| Lento | 慢 |
| Moderno | 现代 |
| Oscuro | 黑暗 |
| Perfecto | 完美 |
| Pesado | 重 |
| Serio | 严重的 |
| Valioso | 有价值的 |

## Adjetivos #2
## 形容词 #2

| | |
|---|---|
| Cansado | 累 |
| Comestible | 食用 |
| Creativo | 创意 |
| Descriptivo | 描述性的 |
| Dramático | 戏剧性 |
| Elegante | 优雅 |
| Famoso | 著名的 |
| Fresco | 新鲜 |
| Fuerte | 强 |
| Interesante | 有趣 |
| Natural | 自然 |
| Normal | 正常 |
| Nuevo | 新的 |
| Orgulloso | 骄傲 |
| Picante | 辣 |
| Productivo | 生产力 |
| Responsable | 负责 |
| Salado | 咸 |
| Saludable | 健康 |
| Seco | 干 |

## Agua
## 水

| | |
|---|---|
| Canal | 运河 |
| Ducha | 淋浴 |
| Evaporación | 蒸发 |
| Géiser | 间歇泉 |
| Helada | 霜 |
| Hielo | 冰 |
| Humedad | 湿度 |
| Huracán | 飓风 |
| Húmedo | 潮湿 |
| Inundación | 洪水 |
| Lago | 湖 |
| Lluvia | 雨 |
| Monzón | 季风 |
| Nieve | 雪 |
| Océano | 海洋 |
| Olas | 波浪 |
| Riego | 灌溉 |
| Río | 河 |
| Vapor | 蒸汽 |

## Ajedrez
### 象棋

| Blanco | 白色 |
|---|---|
| Campeón | 冠军 |
| Concurso | 比赛 |
| Diagonal | 对角线 |
| Estrategia | 战略 |
| Inteligente | 聪明 |
| Juego | 游戏 |
| Jugador | 播放器 |
| Negro | 黑色 |
| Oponente | 对手 |
| Pasivo | 被动 |
| Puntos | 点 |
| Reglas | 规则 |
| Reina | 女王 |
| Rey | 王 |
| Sacrificio | 牺牲 |
| Tiempo | 时间 |

## Antártida
### 南极洲

| Agua | 水 |
|---|---|
| Bahía | 湾 |
| Científico | 科学的 |
| Conservación | 保护 |
| Continente | 大陆 |
| Expedición | 远征 |
| Geografía | 地理 |
| Glaciares | 冰川 |
| Hielo | 冰 |
| Investigador | 研究员 |
| Islas | 岛屿 |
| Migración | 移民 |
| Minerales | 矿物 |
| Nubes | 云 |
| Pájaros | 鸟类 |
| Península | 半岛 |
| Pingüinos | 企鹅 |
| Rocoso | 洛奇 |
| Temperatura | 温度 |
| Topografía | 地形 |

## Arte
### 藝術

| Cerámica | 陶瓷 |
|---|---|
| Complejo | 复杂 |
| Composición | 组成 |
| Escultura | 雕塑 |
| Expresión | 表达 |
| Figura | 数字 |
| Honesto | 诚实 |
| Humor | 心情 |
| Inspirado | 启发 |
| Original | 原版 |
| Personal | 个人的 |
| Poesía | 诗歌 |
| Sencillo | 简单 |
| Símbolo | 象征 |
| Surrealismo | 超现实主义 |
| Tema | 主题 |
| Visual | 视觉的 |

## Artes Visuales
### 视觉艺术

| Arcilla | 粘土 |
|---|---|
| Arquitectura | 建筑 |
| Artista | 艺术家 |
| Caballete | 画架 |
| Carbón | 木炭 |
| Cera | 蜡 |
| Cerámica | 陶器 |
| Creatividad | 创造力 |
| Escultura | 雕塑 |
| Fotografía | 照片 |
| Lápiz | 铅笔 |
| Obra Maestra | 杰作 |
| Película | 电影 |
| Perspectiva | 看法 |
| Pintura | 绘画 |
| Plantilla | 模具 |
| Pluma | 笔 |
| Retrato | 肖像 |
| Tiza | 粉笔 |

## Astronomía
### 天文学

| Asteroide | 小行星 |
|---|---|
| Astronauta | 宇航员 |
| Astrónomo | 天文学家 |
| Cielo | 天空 |
| Cohete | 火箭 |
| Constelación | 星座 |
| Eclipse | 蚀 |
| Equinoccio | 春分 |
| Galaxia | 星系 |
| Gravedad | 重力 |
| Luna | 月亮 |
| Meteoro | 流星 |
| Observatorio | 天文台 |
| Planeta | 行星 |
| Radiación | 辐射 |
| Satélite | 卫星 |
| Supernova | 超新星 |
| Telescopio | 望远镜 |
| Tierra | 地球 |
| Universo | 宇宙 |

## Aventura
### 冒险

| Actividad | 活动 |
|---|---|
| Alegría | 喜悦 |
| Amigos | 朋友 |
| Belleza | 美 |
| Destino | 目的地 |
| Dificultad | 困难 |
| Entusiasmo | 热情 |
| Excursión | 远足 |
| Inusual | 异常 |
| Itinerario | 行程 |
| Naturaleza | 大自然 |
| Navegación | 导航 |
| Nuevo | 新的 |
| Oportunidad | 机会 |
| Peligroso | 危险 |
| Preparación | 准备 |
| Seguridad | 安全 |
| Valentía | 勇敢 |
| Viajes | 旅行 |

## Aviones
## 飞机

| | |
|---|---|
| Aire | 空气 |
| Altura | 高度 |
| Aterrizaje | 降落 |
| Atmósfera | 大气层 |
| Aventura | 冒险 |
| Cielo | 天空 |
| Combustible | 燃料 |
| Dirección | 方向 |
| Diseño | 设计 |
| Globo | 气球 |
| Hélices | 螺旋桨 |
| Hidrógeno | 氢 |
| Historia | 历史 |
| Inflar | 膨胀 |
| Motor | 引擎 |
| Navegar | 导航 |
| Pasajero | 乘客 |
| Piloto | 飞行员 |
| Tripulación | 船员 |
| Turbulencia | 湍流 |

## Baile
## 跳舞

| | |
|---|---|
| Academia | 学院 |
| Alegre | 快乐 |
| Arte | 艺术 |
| Clásico | 古典 |
| Coreografía | 编舞 |
| Cuerpo | 身体 |
| Cultura | 文化 |
| Emoción | 情感 |
| Expresivo | 富有表现力 |
| Gracia | 优雅 |
| Movimiento | 运动 |
| Música | 音乐 |
| Postura | 姿势 |
| Ritmo | 节奏 |
| Saltar | 跳 |
| Socio | 伙伴 |
| Tradicional | 传统的 |
| Visual | 视觉的 |

## Ballet
## 芭蕾

| | |
|---|---|
| Aplauso | 掌声 |
| Artístico | 艺术的 |
| Audiencia | 观众 |
| Bailarines | 舞者 |
| Compositor | 作曲家 |
| Coreografía | 编舞 |
| Estilo | 风格 |
| Expresivo | 富有表现力 |
| Gesto | 手势 |
| Habilidad | 技能 |
| Intensidad | 强度 |
| Músculos | 肌肉 |
| Música | 音乐 |
| Orquesta | 管弦乐队 |
| Práctica | 实践 |
| Ritmo | 节奏 |
| Solo | 独奏 |
| Técnica | 技术 |

## Baño
## 浴室

| | |
|---|---|
| Agua | 水 |
| Alfombra | 地毯 |
| Aseo | 厕所 |
| Baño | 浴 |
| Burbujas | 泡沫 |
| Champú | 洗发水 |
| Ducha | 淋浴 |
| Espejo | 镜子 |
| Esponja | 海绵 |
| Grifo | 龙头 |
| Jabón | 肥皂 |
| Loción | 洗剂 |
| Perfume | 香水 |
| Tijeras | 剪刀 |
| Toalla | 毛巾 |
| Vapor | 蒸汽 |

## Barbacoas
## 烧烤

| | |
|---|---|
| Almuerzo | 午餐 |
| Amigos | 朋友 |
| Caliente | 热 |
| Cebollas | 洋葱 |
| Cena | 晚餐 |
| Cuchillos | 刀 |
| Ensaladas | 沙拉 |
| Familia | 家庭 |
| Fruta | 水果 |
| Hambre | 饥饿 |
| Juegos | 游戏 |
| Música | 音乐 |
| Parrilla | 烧烤 |
| Pimienta | 胡椒 |
| Pollo | 鸡 |
| Sal | 盐 |
| Salsa | 酱 |
| Tomates | 番茄 |
| Verano | 夏天 |
| Verduras | 蔬菜 |

## Barcos
## 船

| | |
|---|---|
| Ancla | 锚 |
| Balsa | 筏 |
| Boya | 浮标 |
| Canoa | 独木舟 |
| Cuerda | 绳子 |
| Ferry | 渡轮 |
| Kayak | 皮艇 |
| Lago | 湖 |
| Mar | 海 |
| Marea | 潮 |
| Marinero | 水手 |
| Marítimo | 海事 |
| Mástil | 桅杆 |
| Motor | 引擎 |
| Náutico | 海上的 |
| Océano | 海洋 |
| Río | 河 |
| Tripulación | 船员 |
| Velero | 帆船 |
| Yate | 游艇 |

## Camping
## 露营

| | |
|---|---|
| Animales | 动物 |
| Aventura | 冒险 |
| Árboles | 树木 |
| Bosque | 森林 |
| Brújula | 罗盘 |
| Cabina | 舱 |
| Canoa | 独木舟 |
| Caza | 狩猎 |
| Cuerda | 绳子 |
| Equipo | 设备 |
| Fuego | 火 |
| Hamaca | 吊床 |
| Insecto | 昆虫 |
| Lago | 湖 |
| Linterna | 灯笼 |
| Luna | 月亮 |
| Mapa | 地图 |
| Montaña | 山 |
| Naturaleza | 大自然 |
| Sombrero | 帽子 |

## Casa
## 房子

| | |
|---|---|
| Alfombra | 地毯 |
| Ático | 阁楼 |
| Biblioteca | 图书馆 |
| Chimenea | 壁炉 |
| Cocina | 厨房 |
| Dormitorio | 卧室 |
| Ducha | 淋浴 |
| Escoba | 扫帚 |
| Espejo | 镜子 |
| Garaje | 车库 |
| Grifo | 龙头 |
| Jardín | 花园 |
| Lámpara | 灯 |
| Pared | 墙 |
| Piso | 地板 |
| Puerta | 门 |
| Sótano | 地下室 |
| Techo | 屋顶 |
| Valla | 栅栏 |
| Ventana | 窗户 |

## Castillos
## 城堡

| | |
|---|---|
| Armadura | 盔甲 |
| Caballero | 骑士 |
| Caballo | 马 |
| Catapulta | 弹射器 |
| Corona | 冠 |
| Dinastía | 王朝 |
| Dragón | 龙 |
| Escudo | 盾 |
| Espada | 剑 |
| Feudal | 封建 |
| Foso | 护城河 |
| Imperio | 帝国 |
| Noble | 高贵 |
| Palacio | 宫 |
| Pared | 墙 |
| Princesa | 公主 |
| Príncipe | 王子 |
| Reino | 王国 |
| Torre | 塔 |
| Unicornio | 独角兽 |

## Chocolate
## 巧克力

| | |
|---|---|
| Amargo | 苦 |
| Antioxidante | 抗氧化剂 |
| Aroma | 香气 |
| Azúcar | 糖 |
| Cacahuetes | 花生 |
| Cacao | 可可 |
| Calidad | 质量 |
| Calorías | 卡路里 |
| Caramelo | 焦糖 |
| Coco | 椰子 |
| Delicioso | 美味 |
| Dulce | 甜蜜的 |
| Exótico | 异国情调 |
| Favorito | 最喜欢的 |
| Gusto | 味道 |
| Ingrediente | 成分 |
| Receta | 食谱 |

## Ciencia
## 科学

| | |
|---|---|
| Átomo | 原子 |
| Científico | 科学家 |
| Clima | 气候 |
| Datos | 数据 |
| Evolución | 进化 |
| Experimento | 实验 |
| Física | 物理 |
| Fósil | 化石 |
| Gravedad | 重力 |
| Hecho | 事实 |
| Hipótesis | 假设 |
| Laboratorio | 实验室 |
| Método | 方法 |
| Minerales | 矿物 |
| Moléculas | 分子 |
| Naturaleza | 大自然 |
| Organismo | 生物 |
| Partículas | 粒子 |
| Plantas | 植物 |
| Químico | 化学的 |

## Ciencia Ficción
## 科幻小说

| | |
|---|---|
| Atómico | 原子 |
| Cine | 电影 |
| Clones | 克隆 |
| Escenario | 场景 |
| Explosión | 爆炸 |
| Extremo | 极端 |
| Fuego | 火 |
| Futurista | 未来派 |
| Galaxia | 星系 |
| Ilusión | 错觉 |
| Imaginario | 虚构的 |
| Libros | 书籍 |
| Misterioso | 神秘 |
| Mundo | 世界 |
| Novelas | 小说 |
| Oráculo | 甲骨文 |
| Planeta | 行星 |
| Robots | 机器人 |
| Tecnología | 技术 |
| Utopía | 乌托邦 |

## Circo
### 马戏团

| | |
|---|---|
| Acróbata | 杂技演员 |
| Animales | 动物 |
| Billete | 票 |
| Caramelo | 糖果 |
| Carpa | 帐篷 |
| Desfile | 游行 |
| Elefante | 大象 |
| Espectacular | 壮观 |
| Espectador | 观众 |
| Globos | 气球 |
| León | 狮子 |
| Magia | 魔法 |
| Mago | 魔术师 |
| Malabarista | 杂耍 |
| Mono | 猴子 |
| Música | 音乐 |
| Payaso | 小丑 |
| Tigre | 老虎 |
| Traje | 服装 |
| Truco | 诡计 |

## Ciudad
### 小镇

| | |
|---|---|
| Aeropuerto | 机场 |
| Banco | 银行 |
| Biblioteca | 图书馆 |
| Cine | 电影 |
| Clínica | 诊所 |
| Escuela | 学校 |
| Estadio | 体育场 |
| Farmacia | 药店 |
| Florista | 花店 |
| Galería | 画廊 |
| Hotel | 酒店 |
| Librería | 书店 |
| Mercado | 市场 |
| Museo | 博物馆 |
| Panadería | 面包店 |
| Supermercado | 超级市场 |
| Teatro | 剧院 |
| Tienda | 商店 |
| Universidad | 大学 |
| Zoo | 动物园 |

## Clima
### 天气

| | |
|---|---|
| Atmósfera | 大气 |
| Brisa | 微风 |
| Cielo | 天空 |
| Clima | 气候 |
| Hielo | 冰 |
| Huracán | 飓风 |
| Inundación | 洪水 |
| Monzón | 季风 |
| Niebla | 雾 |
| Nube | 云 |
| Polar | 极地 |
| Rayo | 闪电 |
| Seco | 干燥 |
| Sequía | 干旱 |
| Temperatura | 温度 |
| Tormenta | 风暴 |
| Tornado | 龙卷风 |
| Tropical | 热带 |
| Trueno | 雷声 |
| Viento | 风 |

## Cocina
### 厨房

| | |
|---|---|
| Caldera | 水壶 |
| Comida | 食物 |
| Cucharas | 勺子 |
| Cuchillos | 刀 |
| Delantal | 围裙 |
| Especias | 香料 |
| Esponja | 海绵 |
| Horno | 烤箱 |
| Jarra | 壶 |
| Palillos | 筷子 |
| Parrilla | 烧烤 |
| Receta | 食谱 |
| Refrigerador | 冰箱 |
| Servilleta | 餐巾 |
| Tarro | 罐 |
| Tazas | 杯子 |
| Tazón | 碗 |
| Tenedores | 叉 |

## Colores
### 颜色

| | |
|---|---|
| Amarillo | 黄色 |
| Azul | 蓝色 |
| Azur | 天蓝色 |
| Beige | 米色 |
| Blanco | 白色 |
| Cian | 青色 |
| Fucsia | 紫红色 |
| Gris | 灰色 |
| Magenta | 品红 |
| Marrón | 棕色 |
| Naranja | 橙色 |
| Negro | 黑色 |
| Púrpura | 紫色 |
| Rojo | 红色 |
| Rosa | 粉红色 |
| Sepia | 棕褐色 |
| Verde | 绿色 |

## Comedia
### 喜剧

| | |
|---|---|
| Actor | 演员 |
| Actriz | 女演员 |
| Aplauso | 掌声 |
| Audiencia | 观众 |
| Chistes | 笑话 |
| Diversión | 乐趣 |
| Expresivo | 富有表现力 |
| Género | 类型 |
| Gracioso | 有趣 |
| Humor | 幽默 |
| Improvisación | 即兴创作 |
| Inteligente | 聪明 |
| Parodia | 模仿 |
| Payasos | 小丑 |
| Risa | 笑声 |
| Teatro | 剧院 |
| Televisión | 电视 |

## Comida #1
## 食物 #1

| | |
|---|---|
| Ajo | 大蒜 |
| Albahaca | 罗勒 |
| Atún | 金枪鱼 |
| Azúcar | 糖 |
| Canela | 肉桂 |
| Carne | 肉 |
| Cebada | 大麦 |
| Cebolla | 洋葱 |
| Ensalada | 沙拉 |
| Espinacas | 菠菜 |
| Fresa | 草莓 |
| Jugo | 果汁 |
| Leche | 牛奶 |
| Limón | 柠檬 |
| Menta | 薄荷 |
| Nabo | 芜菁 |
| Pera | 梨 |
| Sal | 盐 |
| Sopa | 汤 |
| Zanahoria | 胡萝卜 |

## Comida #2
## 食物 #2

| | |
|---|---|
| Alcachofa | 朝鲜蓟 |
| Almendra | 杏仁 |
| Apio | 芹菜 |
| Arroz | 米 |
| Berenjena | 茄子 |
| Cereza | 樱桃 |
| Chocolate | 巧克力 |
| Girasol | 向日葵 |
| Huevo | 蛋 |
| Jengibre | 姜 |
| Kiwi | 猕猴桃 |
| Manzana | 苹果 |
| Pan | 面包 |
| Plátano | 香蕉 |
| Pollo | 鸡 |
| Queso | 奶酪 |
| Tomate | 番茄 |
| Trigo | 小麦 |
| Uva | 葡萄 |
| Yogur | 酸奶 |

## Conduciendo
## 驾驶

| | |
|---|---|
| Accidente | 事故 |
| Calle | 街 |
| Camión | 卡车 |
| Coche | 汽车 |
| Combustible | 燃料 |
| Frenos | 刹车 |
| Garaje | 车库 |
| Gas | 气体 |
| Licencia | 执照 |
| Mapa | 地图 |
| Motocicleta | 摩托车 |
| Motor | 马达 |
| Peatonal | 行人 |
| Peligro | 危险 |
| Policía | 警察 |
| Seguridad | 安全 |
| Transporte | 运输 |
| Tráfico | 交通 |
| Túnel | 隧道 |
| Velocidad | 速度 |

## Conservación
## 保护

| | |
|---|---|
| Agua | 水 |
| Ambiental | 环境的 |
| Cambios | 变化 |
| Ciclo | 周期 |
| Clima | 气候 |
| Contaminación | 污染 |
| Ecosistema | 生态系统 |
| Educación | 教育 |
| Hábitat | 生境 |
| Natural | 自然 |
| Orgánico | 有机 |
| Pesticida | 农药 |
| Reciclar | 回收 |
| Reducir | 减少 |
| Salud | 健康 |
| Verde | 绿色 |
| Voluntario | 志愿者 |

## Cuerpo Humano
## 人体

| | |
|---|---|
| Barbilla | 下巴 |
| Boca | 嘴 |
| Cabeza | 头 |
| Cara | 脸 |
| Cerebro | 脑 |
| Codo | 肘部 |
| Corazón | 心 |
| Cuello | 脖子 |
| Dedo | 手指 |
| Hombro | 肩膀 |
| Lengua | 舌头 |
| Mano | 手 |
| Nariz | 鼻子 |
| Ojo | 眼睛 |
| Oreja | 耳朵 |
| Piel | 皮肤 |
| Pierna | 腿 |
| Rodilla | 膝盖 |
| Sangre | 血 |
| Tobillo | 踝 |

## Cumpleaños
## 生日

| | |
|---|---|
| Amigos | 朋友 |
| Año | 年 |
| Calendario | 日历 |
| Canción | 歌曲 |
| Celebración | 庆祝 |
| Diversión | 乐趣 |
| Día | 日 |
| Especial | 特别 |
| Feliz | 快乐 |
| Invitaciones | 邀请函 |
| Joven | 年轻 |
| Nacer | 出生 |
| Pastel | 蛋糕 |
| Recuerdos | 回忆 |
| Regalo | 礼物 |
| Sabiduría | 智慧 |
| Tarjetas | 牌 |
| Tiempo | 时间 |
| Velas | 蜡烛 |

## Deportes
### 体育

| | |
|---|---|
| Atleta | 运动员 |
| Árbitro | 裁判 |
| Baloncesto | 篮球 |
| Béisbol | 棒球 |
| Bicicleta | 自行车 |
| Campeonato | 冠军 |
| Entrenador | 教练 |
| Equipo | 团队 |
| Estadio | 体育场 |
| Ganador | 优胜者 |
| Gimnasia | 体操 |
| Gimnasio | 体育馆 |
| Golf | 高尔夫球 |
| Hockey | 曲棍球 |
| Juego | 游戏 |
| Jugador | 播放器 |
| Movimiento | 运动 |
| Tenis | 网球 |

## Dinosaurios
### 恐龙

| | |
|---|---|
| Alas | 翅膀 |
| Carnívoro | 食肉动物 |
| Cola | 尾巴 |
| Desaparición | 消失 |
| Enorme | 巨大 |
| Especie | 物种 |
| Evolución | 进化 |
| Fósiles | 化石 |
| Grande | 大 |
| Herbívoro | 食草动物 |
| Mamut | 猛犸象 |
| Omnívoro | 杂食动物 |
| Poderoso | 强大 |
| Prehistórico | 史前 |
| Presa | 猎物 |
| Raptor | 猛禽 |
| Reptil | 爬行动物 |
| Tamaño | 尺寸 |
| Tierra | 地球 |
| Vicioso | 恶毒 |

## Disciplinas Científicas
### 科学学科

| | |
|---|---|
| Anatomía | 解剖学 |
| Arqueología | 考古学 |
| Astronomía | 天文学 |
| Biología | 生物学 |
| Bioquímica | 生物化学 |
| Botánica | 植物学 |
| Ecología | 生态学 |
| Fisiología | 生理学 |
| Geología | 地质学 |
| Inmunología | 免疫学 |
| Lingüística | 语言学 |
| Mecánica | 力学 |
| Meteorología | 气象学 |
| Mineralogía | 矿物学 |
| Neurología | 神经学 |
| Psicología | 心理学 |
| Química | 化学 |
| Sociología | 社会学 |
| Termodinámica | 热力学 |
| Zoología | 动物学 |

## Días y Meses
### 天和月

| | |
|---|---|
| Abril | 四月 |
| Agosto | 八月 |
| Año | 年 |
| Calendario | 日历 |
| Domingo | 星期日 |
| Enero | 一月 |
| Febrero | 二月 |
| Jueves | 星期四 |
| Julio | 七月 |
| Junio | 六月 |
| Lunes | 星期一 |
| Martes | 星期二 |
| Mes | 月 |
| Miércoles | 星期三 |
| Noviembre | 十一月 |
| Octubre | 十月 |
| Sábado | 星期六 |
| Semana | 周 |
| Septiembre | 九月 |
| Viernes | 星期五 |

## Ecología
### 生态学

| | |
|---|---|
| Clima | 气候 |
| Comunidades | 社区 |
| Diversidad | 多样性 |
| Especie | 物种 |
| Fauna | 动物群 |
| Hábitat | 生境 |
| Marino | 海洋 |
| Natural | 自然 |
| Naturaleza | 大自然 |
| Pantano | 沼泽 |
| Plantas | 植物 |
| Recursos | 资源 |
| Sequía | 干旱 |
| Supervivencia | 生存 |
| Vegetación | 植被 |
| Voluntarios | 志愿者 |

## Edificios
### 建筑物

| | |
|---|---|
| Albergue | 旅馆 |
| Apartamento | 公寓 |
| Castillo | 城堡 |
| Cine | 电影 |
| Embajada | 大使馆 |
| Escuela | 学校 |
| Estadio | 体育场 |
| Fábrica | 工厂 |
| Garaje | 车库 |
| Granero | 谷仓 |
| Granja | 农场 |
| Hospital | 医院 |
| Hotel | 酒店 |
| Laboratorio | 实验室 |
| Museo | 博物馆 |
| Observatorio | 天文台 |
| Supermercado | 超级市场 |
| Teatro | 剧院 |
| Torre | 塔 |
| Universidad | 大学 |

## Emociones
## 情绪

|  |  |
|---|---|
| Aburrimiento | 无聊 |
| Agradecido | 感激的 |
| Alegría | 喜悦 |
| Amor | 爱 |
| Beatitud | 极乐 |
| Bondad | 善良 |
| Calma | 平静 |
| Contenido | 内容 |
| Ira | 愤怒 |
| Miedo | 恐惧 |
| Paz | 和平 |
| Relajado | 放松 |
| Satisfecho | 满意 |
| Simpatía | 同情 |
| Sorpresa | 惊喜 |
| Ternura | 温柔 |
| Tranquilidad | 宁静 |
| Tristeza | 悲伤 |

## Escuela #1
## 学校 #1

|  |  |
|---|---|
| Alfabeto | 字母 |
| Almuerzo | 午餐 |
| Amigos | 朋友 |
| Aula | 课堂 |
| Biblioteca | 图书馆 |
| Carpetas | 文件夹 |
| Diversión | 乐趣 |
| Examen | 测验 |
| Exámenes | 考试 |
| Lápiz | 铅笔 |
| Libros | 书籍 |
| Marcadores | 标记 |
| Matemática | 数学 |
| Números | 数字 |
| Papel | 纸 |
| Plumas | 笔 |
| Profesor | 老师 |
| Respuestas | 答案 |
| Silla | 椅子 |

## Escuela #2
## 学校 #2

| | |
|---|---|
| Amigos | 朋友 |
| Autobús | 总线 |
| Biblioteca | 图书馆 |
| Borrador | 橡皮 |
| Calendario | 日历 |
| Ciencia | 科学 |
| Diccionario | 字典 |
| Educación | 教育 |
| Gramática | 语法 |
| Juegos | 游戏 |
| Lápiz | 铅笔 |
| Lectura | 阅读 |
| Libros | 书籍 |
| Literatura | 文献 |
| Mochila | 背包 |
| Ordenador | 电脑 |
| Papel | 纸 |
| Profesor | 老师 |
| Ropa | 衣服 |
| Tijeras | 剪刀 |

## Especias
## 香料

| | |
|---|---|
| Agrio | 酸的 |
| Ajo | 大蒜 |
| Amargo | 苦 |
| Azafrán | 藏红花 |
| Canela | 肉桂 |
| Cardamomo | 豆蔻 |
| Cebolla | 洋葱 |
| Clavo | 丁香 |
| Comino | 孜然 |
| Curry | 咖喱 |
| Dulce | 甜蜜的 |
| Hinojo | 茴香 |
| Jengibre | 姜 |
| Nuez Moscada | 肉豆蔻 |
| Pimentón | 辣椒粉 |
| Pimienta | 胡椒 |
| Regaliz | 甘草 |
| Sabor | 味道 |
| Sal | 盐 |
| Vainilla | 香草 |

## Exploración
## 探索

| | |
|---|---|
| Actividad | 活动 |
| Agotamiento | 精疲力竭 |
| Animales | 动物 |
| Búsqueda | 寻求 |
| Coraje | 勇气 |
| Culturas | 文化 |
| Desconocido | 未知 |
| Descubrimiento | 发现 |
| Determinación | 决心 |
| Espacio | 空间 |
| Idioma | 语言 |
| Nuevo | 新的 |
| Peligroso | 危险的 |
| Salvaje | 荒野 |
| Terreno | 地形 |
| Viaje | 旅行 |

## Familia
## 家庭

|  |  |
|---|---|
| Abuela | 祖母 |
| Abuelo | 祖父 |
| Antepasado | 祖先 |
| Esposa | 妻子 |
| Hermana | 姐姐 |
| Hermano | 兄弟 |
| Hija | 女儿 |
| Infancia | 童年 |
| Madre | 母亲 |
| Marido | 丈夫 |
| Materno | 产妇 |
| Nieto | 孙子 |
| Niño | 孩子 |
| Padre | 父亲 |
| Paterno | 父亲的 |
| Primo | 表哥 |
| Sobrina | 侄女 |
| Sobrino | 侄子 |
| Tía | 阿姨 |
| Tío | 叔叔 |

## Flores
鲜花

| | |
|---|---|
| Amapola | 罂粟 |
| Caléndula | 金盏花 |
| Diente de León | 蒲公英 |
| Gardenia | 栀子花 |
| Girasol | 向日葵 |
| Hibisco | 芙蓉 |
| Jazmín | 茉莉花 |
| Lavanda | 薰衣草 |
| Lirio | 百合 |
| Magnolia | 玉兰 |
| Margarita | 雏菊 |
| Narciso | 水仙花 |
| Orquídea | 兰花 |
| Pasionaria | 西番莲 |
| Peonía | 牡丹 |
| Pétalo | 花瓣 |
| Ramo | 花束 |
| Rosa | 玫瑰 |
| Trébol | 三叶草 |
| Tulipán | 郁金香 |

## Formas
形状

| | |
|---|---|
| Arco | 弧 |
| Bordes | 边缘 |
| Cilindro | 圆筒 |
| Círculo | 圈 |
| Cono | 锥体 |
| Cuadrado | 广场 |
| Cubo | 立方体 |
| Curva | 曲线 |
| Elipse | 椭圆 |
| Esquina | 角落 |
| Hipérbola | 双曲线 |
| Lado | 边 |
| Línea | 线 |
| Oval | 椭圆形 |
| Pirámide | 金字塔 |
| Polígono | 多边形 |
| Prisma | 棱镜 |
| Rectángulo | 矩形 |
| Triángulo | 三角形 |

## Fruta
水果

| | |
|---|---|
| Aguacate | 鳄梨 |
| Albaricoque | 杏 |
| Baya | 浆果 |
| Cereza | 樱桃 |
| Coco | 椰子 |
| Frambuesa | 覆盆子 |
| Guayaba | 番石榴 |
| Kiwi | 猕猴桃 |
| Limón | 柠檬 |
| Mango | 芒果 |
| Manzana | 苹果 |
| Melocotón | 桃 |
| Melón | 瓜 |
| Naranja | 橙色 |
| Nectarina | 油桃 |
| Papaya | 木瓜 |
| Pera | 梨 |
| Piña | 菠萝 |
| Plátano | 香蕉 |
| Uva | 葡萄 |

## Gatos
猫

| | |
|---|---|
| Cazador | 猎人 |
| Cola | 尾巴 |
| Curioso | 好奇 |
| Dormir | 睡觉 |
| Garra | 爪 |
| Gracioso | 有趣 |
| Hilo | 纱 |
| Independiente | 独立 |
| Juguetón | 好玩的 |
| Loco | 疯狂的 |
| Pata | 爪子 |
| Personalidad | 个性 |
| Piel | 毛皮 |
| Ratón | 鼠 |
| Salvaje | 荒野 |
| Tímido | 害羞 |

## Geografía
地理

| | |
|---|---|
| Altitud | 高度 |
| Atlas | 地图集 |
| Ciudad | 城市 |
| Continente | 大陆 |
| Hemisferio | 半球 |
| Isla | 岛 |
| Latitud | 纬度 |
| Longitud | 经度 |
| Mapa | 地图 |
| Mar | 海 |
| Meridiano | 子午线 |
| Montaña | 山 |
| Mundo | 世界 |
| Norte | 北 |
| Oeste | 西 |
| País | 国家 |
| Región | 地区 |
| Río | 河 |
| Sur | 南 |
| Territorio | 领土 |

## Geología
地质学

| | |
|---|---|
| Ácido | 酸 |
| Calcio | 钙 |
| Capa | 层 |
| Caverna | 洞穴 |
| Continente | 大陆 |
| Coral | 珊瑚 |
| Cristales | 水晶 |
| Cuarzo | 石英 |
| Erosión | 侵蚀 |
| Estalactita | 钟乳石 |
| Estalagmitas | 石笋 |
| Fósil | 化石 |
| Géiser | 间歇泉 |
| Lava | 熔岩 |
| Meseta | 高原 |
| Minerales | 矿物 |
| Piedra | 石头 |
| Sal | 盐 |
| Terremoto | 地震 |
| Volcán | 火山 |

## Granja #1
## 农场 #1

| Abeja | 蜜蜂 |
| Agricultura | 农业 |
| Agua | 水 |
| Arroz | 米 |
| Burro | 驴 |
| Caballo | 马 |
| Cabra | 山羊 |
| Campo | 领域 |
| Cuervo | 乌鸦 |
| Fertilizante | 肥料 |
| Gato | 猫 |
| Heno | 干草 |
| Miel | 蜂蜜 |
| Perro | 狗 |
| Pollo | 鸡 |
| Semillas | 种子 |
| Ternero | 小腿 |
| Tierra | 土地 |
| Vaca | 牛 |
| Valla | 栅栏 |

## Granja #2
## 农场 #2

| Agricultor | 农民 |
| Animales | 动物 |
| Cebada | 大麦 |
| Comida | 食物 |
| Cordero | 羊肉 |
| Fruta | 水果 |
| Granero | 谷仓 |
| Huerto | 果园 |
| Leche | 牛奶 |
| Llama | 美洲驼 |
| Maíz | 玉米 |
| Molino | 风车 |
| Oveja | 羊 |
| Pastor | 牧羊人 |
| Pato | 鸭 |
| Prado | 草甸 |
| Riego | 灌溉 |
| Tractor | 拖拉机 |
| Trigo | 小麦 |
| Vegetal | 蔬菜 |

## Herboristería
## 草药学

| Ajo | 大蒜 |
| Albahaca | 罗勒 |
| Aromático | 芳香 |
| Azafrán | 藏红花 |
| Calidad | 质量 |
| Culinario | 烹饪 |
| Eneldo | 莳萝 |
| Estragón | 龙蒿 |
| Flor | 花 |
| Hinojo | 茴香 |
| Ingrediente | 成分 |
| Jardín | 花园 |
| Lavanda | 薰衣草 |
| Mejorana | 马郁兰 |
| Menta | 薄荷 |
| Perejil | 香菜 |
| Planta | 植物 |
| Romero | 迷迭香 |
| Sabor | 味道 |
| Verde | 绿色 |

## Herramientas
## 工具

| Alicates | 钳子 |
| Antorcha | 火炬 |
| Cable | 电缆 |
| Cuchillo | 刀 |
| Cuerda | 绳子 |
| Escalera | 梯子 |
| Grapadora | 订书机 |
| Hacha | 轴 |
| Martillo | 锤子 |
| Mazo | 槌 |
| Navaja | 剃刀 |
| Pala | 铲 |
| Pegamento | 胶水 |
| Regla | 统治者 |
| Rueda | 车轮 |
| Tijeras | 剪刀 |
| Tornillo | 螺丝 |

## Insectos
## 昆虫

| Abeja | 蜜蜂 |
| Avispa | 黄蜂 |
| Avispón | 大黄蜂 |
| Áfido | 蚜 |
| Cigarra | 蝉 |
| Cucaracha | 蟑螂 |
| Escarabajo | 甲虫 |
| Gusano | 蠕虫 |
| Hormiga | 蚂蚁 |
| Larva | 幼虫 |
| Libélula | 蜻蜓 |
| Mantis | 螳螂 |
| Mariposa | 蝴蝶 |
| Mariquita | 瓢虫 |
| Mosquito | 蚊子 |
| Polilla | 蛾 |
| Pulga | 跳蚤 |
| Saltamontes | 蚱蜢 |
| Termita | 白蚁 |

## Instrumentos Musicales
## 乐器

| Armónica | 口琴 |
| Arpa | 竖琴 |
| Banjo | 班卓琴 |
| Clarinete | 单簧管 |
| Fagot | 巴松管 |
| Flauta | 长笛 |
| Gong | 锣 |
| Guitarra | 吉他 |
| Mandolina | 曼陀林 |
| Marimba | 马林巴 |
| Oboe | 双簧管 |
| Pandereta | 铃鼓 |
| Percusión | 打击乐器 |
| Piano | 钢琴 |
| Saxofón | 萨克斯管 |
| Tambor | 鼓 |
| Trombón | 长号 |
| Trompeta | 喇叭 |
| Violín | 小提琴 |
| Violonchelo | 大提琴 |

## Jardín
### 花园

| | |
|---|---|
| Arbusto | 灌木 |
| Árbol | 树 |
| Césped | 草坪 |
| Estanque | 池塘 |
| Flor | 花 |
| Garaje | 车库 |
| Hamaca | 吊床 |
| Hierba | 草 |
| Huerto | 果园 |
| Jardín | 花园 |
| Malezas | 杂草 |
| Manguera | 软管 |
| Pala | 铲 |
| Porche | 门廊 |
| Rastrillo | 耙 |
| Rocas | 岩石 |
| Suelo | 土壤 |
| Terraza | 平台 |
| Trampolín | 蹦床 |
| Valla | 栅栏 |

## Juguetes
### 玩具

| | |
|---|---|
| Ajedrez | 棋 |
| Arcilla | 黏土 |
| Artesanía | 工艺品 |
| Avión | 飞机 |
| Barco | 船 |
| Bicicleta | 自行车 |
| Bola | 球 |
| Camión | 卡车 |
| Coche | 汽车 |
| Cometa | 风筝 |
| Favorito | 最喜欢的 |
| Imaginación | 想象力 |
| Juegos | 游戏 |
| Libros | 书籍 |
| Muñeca | 娃娃 |
| Pinturas | 油漆 |
| Robot | 机器人 |
| Tambores | 鼓 |
| Tren | 火车 |

## Libros
### 书籍

| | |
|---|---|
| Autor | 作者 |
| Aventura | 冒险 |
| Colección | 收藏 |
| Contexto | 上下文 |
| Dualidad | 二元性 |
| Escrito | 书面的 |
| Historia | 故事 |
| Histórico | 历史的 |
| Humorístico | 幽默 |
| Inventivo | 发明 |
| Lector | 读者 |
| Literario | 文学 |
| Narrador | 旁白 |
| Novela | 小说 |
| Página | 页 |
| Pertinente | 相关的 |
| Poema | 诗 |
| Poesía | 诗歌 |
| Serie | 系列 |
| Trágico | 悲剧 |

## Literatura
### 文学

| | |
|---|---|
| Analogía | 类比 |
| Análisis | 分析 |
| Anécdota | 轶事 |
| Autor | 作者 |
| Biografía | 传记 |
| Comparación | 比较 |
| Conclusión | 结论 |
| Descripción | 描述 |
| Diálogo | 对话 |
| Estilo | 风格 |
| Ficción | 小说 |
| Metáfora | 隐喻 |
| Narrador | 旁白 |
| Opinión | 意见 |
| Poema | 诗 |
| Poético | 诗意 |
| Rima | 韵 |
| Ritmo | 节奏 |
| Tema | 主题 |
| Tragedia | 悲剧 |

## Mamíferos
### 哺乳动物

| | |
|---|---|
| Ballena | 鲸 |
| Burro | 驴 |
| Caballo | 马 |
| Camello | 骆驼 |
| Canguro | 袋鼠 |
| Cebra | 斑马 |
| Conejo | 兔子 |
| Coyote | 郊狼 |
| Delfín | 海豚 |
| Elefante | 大象 |
| Gato | 猫 |
| Gorila | 大猩猩 |
| Jirafa | 长颈鹿 |
| Lobo | 狼 |
| Mono | 猴子 |
| Oso | 熊 |
| Oveja | 羊 |
| Perro | 狗 |
| Toro | 公牛 |
| Zorro | 狐狸 |

## Mascotas
### 宠物

| | |
|---|---|
| Agua | 水 |
| Cabra | 山羊 |
| Cachorro | 小狗 |
| Cola | 尾巴 |
| Collar | 衣领 |
| Comida | 食物 |
| Conejo | 兔子 |
| Correa | 皮带 |
| Gatito | 小猫 |
| Gato | 猫 |
| Hámster | 仓鼠 |
| Lagarto | 蜥蜴 |
| Loro | 鹦鹉 |
| Patas | 爪子 |
| Perro | 狗 |
| Pescado | 鱼 |
| Ratón | 鼠 |
| Tortuga | 乌龟 |
| Vaca | 牛 |
| Veterinario | 兽医 |

## Matemáticas
数学

| | |
|---|---|
| Aritmética | 算术 |
| Ángulos | 角度 |
| Circunferencia | 周长 |
| Cuadrado | 广场 |
| Decimal | 十进制 |
| Diámetro | 直径 |
| Ecuación | 方程 |
| Exponente | 指数 |
| Fracción | 分数 |
| Geometría | 几何学 |
| Números | 数字 |
| Paralelo | 平行 |
| Paralelogramo | 平行四边形 |
| Perpendicular | 垂直 |
| Polígono | 多边形 |
| Radio | 半径 |
| Rectángulo | 矩形 |
| Simetría | 对称 |
| Triángulo | 三角形 |
| Volumen | 卷 |

## Mediciones
测量

| | |
|---|---|
| Altura | 高度 |
| Ancho | 宽度 |
| Byte | 字节 |
| Centímetro | 厘米 |
| Decimal | 十进制 |
| Gramo | 克 |
| Kilogramo | 公斤 |
| Kilómetro | 公里 |
| Litro | 升 |
| Longitud | 长度 |
| Masa | 质量 |
| Metro | 米 |
| Minuto | 分钟 |
| Onza | 盎司 |
| Peso | 重量 |
| Pinta | 品脱 |
| Profundidad | 深度 |
| Pulgada | 英寸 |
| Tonelada | 吨 |
| Volumen | 卷 |

## Meditación
冥想

| | |
|---|---|
| Aceptación | 接受 |
| Bondad | 善良 |
| Calma | 平静 |
| Claridad | 明晰 |
| Compasión | 同情 |
| Despierto | 醒 |
| Emociones | 情绪 |
| Felicidad | 幸福 |
| Gratitud | 感激 |
| Hábitos | 习惯 |
| Mental | 心理 |
| Movimiento | 运动 |
| Música | 音乐 |
| Naturaleza | 大自然 |
| Observación | 观察 |
| Paz | 和平 |
| Perspectiva | 透视 |
| Postura | 姿势 |
| Respiración | 呼吸 |
| Silencio | 沉默 |

## Mitología
神话

| | |
|---|---|
| Arquetipo | 原型 |
| Celos | 嫉妒 |
| Cielo | 天堂 |
| Comportamiento | 行为 |
| Creación | 创造 |
| Creencias | 信仰 |
| Criatura | 生物 |
| Cultura | 文化 |
| Desastre | 灾难 |
| Fuerza | 力量 |
| Guerrero | 战士 |
| Héroe | 英雄 |
| Inmortalidad | 不朽 |
| Laberinto | 迷宫 |
| Leyenda | 传说 |
| Monstruo | 怪物 |
| Mortal | 凡人 |
| Rayo | 闪电 |
| Trueno | 雷 |
| Venganza | 复仇 |

## Mueble
家具

| | |
|---|---|
| Alfombra | 地毯 |
| Almohada | 枕头 |
| Armario | 衣橱 |
| Cama | 床 |
| Cojines | 靠垫 |
| Colchón | 床垫 |
| Cortinas | 窗帘 |
| Cómoda | 梳妆台 |
| Espejo | 镜子 |
| Estantería | 书柜 |
| Estantes | 货架 |
| Hamaca | 吊床 |
| Lámpara | 灯 |
| Silla | 椅子 |
| Sillón | 扶手椅 |
| Sofá | 长椅 |

## Naturaleza
大自然

| | |
|---|---|
| Abejas | 蜜蜂 |
| Animales | 动物 |
| Ártico | 北极 |
| Belleza | 美 |
| Bosque | 森林 |
| Desierto | 沙漠 |
| Dinámico | 动态 |
| Erosión | 侵蚀 |
| Follaje | 树叶 |
| Glaciar | 冰川 |
| Niebla | 雾 |
| Nubes | 云 |
| Pacífico | 和平 |
| Refugio | 庇护所 |
| Río | 河 |
| Salvaje | 荒野 |
| Santuario | 避难所 |
| Sereno | 宁静 |
| Tropical | 热带 |
| Vital | 重要的 |

## Nutrición
## 营养

| Amargo | 苦 |
| Apetito | 食欲 |
| Calidad | 质量 |
| Calorías | 卡路里 |
| Carbohidratos | 碳水化合物 |
| Cereales | 谷物 |
| Comestible | 食用 |
| Dieta | 饮食 |
| Digestión | 消化 |
| Equilibrado | 平衡的 |
| Fermentación | 发酵 |
| Hábitos | 习惯 |
| Nutriente | 养分 |
| Peso | 重量 |
| Proteínas | 蛋白质 |
| Sabor | 味道 |
| Salsa | 酱 |
| Salud | 健康 |
| Toxina | 毒素 |
| Vitamina | 维生素 |

## Números
## 数字

| Catorce | 十四 |
| Cero | 零 |
| Cinco | 五 |
| Cuatro | 四 |
| Decimal | 十进制 |
| Diecinueve | 十九 |
| Dieciocho | 十八 |
| Dieciséis | 十六 |
| Diecisiete | 十七 |
| Diez | 十 |
| Doce | 十二 |
| Dos | 二 |
| Nueve | 九 |
| Ocho | 八 |
| Quince | 十五 |
| Seis | 六 |
| Siete | 七 |
| Trece | 十三 |
| Tres | 三 |
| Veinte | 二十 |

## Océano
## 海洋

| Alga | 藻类 |
| Anguila | 鳗鱼 |
| Arrecife | 礁 |
| Atún | 金枪鱼 |
| Ballena | 鲸 |
| Barco | 船 |
| Camarón | 虾 |
| Cangrejo | 螃蟹 |
| Coral | 珊瑚 |
| Delfín | 海豚 |
| Esponja | 海绵 |
| Mareas | 潮汐 |
| Medusa | 海蜇 |
| Ostra | 牡蛎 |
| Pescado | 鱼 |
| Pulpo | 章鱼 |
| Sal | 盐 |
| Tiburón | 鲨鱼 |
| Tormenta | 风暴 |
| Tortuga | 乌龟 |

## Paisajes
## 景观

| Cascada | 瀑布 |
| Cueva | 洞穴 |
| Desierto | 沙漠 |
| Estuario | 河口 |
| Géiser | 间歇泉 |
| Glaciar | 冰川 |
| Iceberg | 冰山 |
| Isla | 岛 |
| Lago | 湖 |
| Laguna | 泻湖 |
| Mar | 海 |
| Montaña | 山 |
| Oasis | 绿洲 |
| Pantano | 沼泽 |
| Península | 半岛 |
| Playa | 海滩 |
| Río | 河 |
| Tundra | 苔原 |
| Valle | 山谷 |
| Volcán | 火山 |

## Países #2
## 国家 #2

| Albania | 阿尔巴尼亚 |
| Australia | 澳大利亚 |
| Austria | 奥地利 |
| Dinamarca | 丹麦 |
| Etiopía | 埃塞俄比亚 |
| Francia | 法国 |
| Grecia | 希腊 |
| Indonesia | 印度尼西亚 |
| Irlanda | 爱尔兰 |
| Jamaica | 牙买加 |
| Japón | 日本 |
| Laos | 老挝 |
| México | 墨西哥 |
| Pakistán | 巴基斯坦 |
| Portugal | 葡萄牙 |
| Rusia | 俄罗斯 |
| Siria | 叙利亚 |
| Sudán | 苏丹 |
| Ucrania | 乌克兰 |
| Uganda | 乌干达 |

## Pájaros
## 鸟类

| Avestruz | 鸵鸟 |
| Águila | 鹰 |
| Canario | 金丝雀 |
| Cigüeña | 鹳 |
| Cisne | 天鹅 |
| Cuco | 杜鹃 |
| Cuervo | 乌鸦 |
| Flamenco | 火烈鸟 |
| Ganso | 鹅 |
| Garza | 苍鹭 |
| Gaviota | 鸥 |
| Gorrión | 麻雀 |
| Huevo | 蛋 |
| Loro | 鹦鹉 |
| Paloma | 鸽子 |
| Pato | 鸭 |
| Pelícano | 鹈鹕 |
| Pingüino | 企鹅 |
| Pollo | 鸡 |
| Tucán | 巨嘴鸟 |

## Pesca
钓鱼

| | |
|---|---|
| Agua | 水 |
| Aletas | 鳍 |
| Barco | 船 |
| Branquias | 鳃 |
| Cebo | 诱饵 |
| Cesta | 篮子 |
| Equipo | 设备 |
| Exageración | 夸张 |
| Gancho | 钩 |
| Lago | 湖 |
| Mandíbula | 颚 |
| Océano | 海洋 |
| Paciencia | 耐心 |
| Peso | 重量 |
| Playa | 海滩 |
| Río | 河 |
| Temporada | 季节 |

## Piratas
海盗

| | |
|---|---|
| Ancla | 锚 |
| Aventura | 冒险 |
| Bandera | 旗 |
| Brújula | 罗盘 |
| Capitán | 队长 |
| Cicatriz | 疤痕 |
| Cueva | 洞穴 |
| Espada | 剑 |
| Isla | 岛 |
| Leyenda | 传说 |
| Loro | 鹦鹉 |
| Malo | 坏 |
| Mapa | 地图 |
| Monedas | 硬币 |
| Oro | 黄金 |
| Peligro | 危险 |
| Playa | 海滩 |
| Ron | 朗姆酒 |
| Tesoro | 宝藏 |
| Tripulación | 船员 |

## Plantas
植物

| | |
|---|---|
| Arbusto | 灌木 |
| Árbol | 树 |
| Bambú | 竹子 |
| Baya | 浆果 |
| Bosque | 森林 |
| Botánica | 植物学 |
| Cactus | 仙人掌 |
| Fertilizante | 肥料 |
| Flor | 花 |
| Flora | 植物 |
| Follaje | 树叶 |
| Frijol | 豆 |
| Hiedra | 常春藤 |
| Hierba | 草 |
| Hoja | 叶 |
| Jardín | 花园 |
| Musgo | 苔藓 |
| Pétalo | 花瓣 |
| Raíz | 根 |
| Vegetación | 植被 |

## Playa
海滩

| | |
|---|---|
| Arena | 沙 |
| Arrecife | 礁 |
| Azul | 蓝色 |
| Barco | 船 |
| Cangrejo | 螃蟹 |
| Costa | 海岸 |
| Isla | 岛 |
| Laguna | 泻湖 |
| Mar | 海 |
| Océano | 海洋 |
| Paraguas | 伞 |
| Sandalias | 凉鞋 |
| Sol | 太阳 |
| Toalla | 毛巾 |
| Vacaciones | 假期 |
| Velero | 帆船 |

## Profesiones #1
职业 #1

| | |
|---|---|
| Abogado | 律师 |
| Astrónomo | 天文学家 |
| Atleta | 运动员 |
| Bailarín | 舞蹈家 |
| Banquero | 银行家 |
| Bombero | 消防队员 |
| Cartógrafo | 制图师 |
| Cazador | 猎人 |
| Doctor | 医生 |
| Editor | 编辑 |
| Embajador | 大使 |
| Enfermera | 护士 |
| Entrenador | 教练 |
| Fontanero | 水管工 |
| Geólogo | 地质学家 |
| Joyero | 珠宝商 |
| Músico | 音乐家 |
| Pianista | 钢琴家 |
| Psicólogo | 心理学家 |
| Veterinario | 兽医 |

## Profesiones #2
职业 #2

| | |
|---|---|
| Astronauta | 宇航员 |
| Bibliotecario | 图书管理员 |
| Biólogo | 生物学家 |
| Cirujano | 外科医生 |
| Dentista | 牙医 |
| Detective | 侦探 |
| Filósofo | 哲学家 |
| Fotógrafo | 摄影师 |
| Ilustrador | 插画家 |
| Ingeniero | 工程师 |
| Inventor | 发明者 |
| Investigador | 研究员 |
| Jardinero | 园丁 |
| Lingüista | 语言学家 |
| Médico | 医生 |
| Periodista | 记者 |
| Piloto | 飞行员 |
| Pintor | 画家 |
| Profesor | 老师 |
| Zoólogo | 动物学家 |

## Rellenar
要填写

| Bandeja | 托盘 |
|---|---|
| Bañera | 浴缸 |
| Barril | 桶 |
| Bolsa | 包 |
| Bolsillo | 口袋 |
| Botella | 瓶子 |
| Caja | 盒子 |
| Cajón | 抽屉 |
| Carpeta | 文件夹 |
| Cartón | 纸箱 |
| Cesta | 篮子 |
| Cuenca | 盆地 |
| Jarrón | 花瓶 |
| Maleta | 手提箱 |
| Sobre | 信封 |
| Tarro | 罐 |
| Tubo | 管 |

## Restaurante #1
餐厅 #1

| Alergia | 过敏 |
|---|---|
| Café | 咖啡 |
| Cajero | 出纳员 |
| Camarera | 女服务员 |
| Carne | 肉 |
| Cocina | 厨房 |
| Comida | 食物 |
| Cuchillo | 刀 |
| Menú | 菜单 |
| Pan | 面包 |
| Picante | 辣 |
| Plato | 盘子 |
| Pollo | 鸡 |
| Postre | 甜点 |
| Reserva | 保留 |
| Salsa | 酱 |
| Servilleta | 餐巾 |
| Tazón | 碗 |

## Restaurante #2
餐厅 #2

| Agua | 水 |
|---|---|
| Almuerzo | 午餐 |
| Aperitivo | 开胃菜 |
| Bebida | 饮料 |
| Camarero | 服务员 |
| Cena | 晚餐 |
| Cuchara | 勺子 |
| Delicioso | 美味 |
| Ensalada | 沙拉 |
| Especias | 香料 |
| Fruta | 水果 |
| Hielo | 冰 |
| Huevos | 蛋 |
| Pastel | 蛋糕 |
| Pescado | 鱼 |
| Sal | 盐 |
| Silla | 椅子 |
| Sopa | 汤 |
| Tenedor | 叉子 |
| Verduras | 蔬菜 |

## Ropa
衣服

| Abrigo | 外套 |
|---|---|
| Bufanda | 围巾 |
| Calcetines | 袜子 |
| Camisa | 衬衫 |
| Chaqueta | 夹克 |
| Cinturón | 带 |
| Collar | 项链 |
| Delantal | 围裙 |
| Falda | 短裙 |
| Guantes | 手套 |
| Joyas | 珠宝 |
| Moda | 时尚 |
| Pantalones | 裤子 |
| Pijama | 睡衣 |
| Pulsera | 手镯 |
| Sandalias | 凉鞋 |
| Sombrero | 帽子 |
| Suéter | 毛衣 |
| Vestido | 连衣裙 |
| Zapato | 鞋 |

## Selva Tropical
雨林

| Anfibios | 两栖动物 |
|---|---|
| Botánico | 植物 |
| Clima | 气候 |
| Comunidad | 社区 |
| Diversidad | 多样性 |
| Especie | 物种 |
| Insectos | 昆虫 |
| Mamíferos | 哺乳动物 |
| Musgo | 苔藓 |
| Naturaleza | 大自然 |
| Nubes | 云 |
| Pájaros | 鸟类 |
| Preservación | 保存 |
| Refugio | 避难所 |
| Respeto | 尊重 |
| Restauración | 恢复 |
| Selva | 丛林 |
| Supervivencia | 生存 |
| Valioso | 有价值的 |

## Senderismo
徒步

| Acantilado | 悬崖 |
|---|---|
| Agua | 水 |
| Animales | 动物 |
| Botas | 靴子 |
| Camping | 露营 |
| Cansado | 累 |
| Clima | 气候 |
| Cumbre | 峰会 |
| Guías | 指南 |
| Mapa | 地图 |
| Montaña | 山 |
| Mosquitos | 蚊子 |
| Naturaleza | 大自然 |
| Orientación | 方向 |
| Parques | 公园 |
| Pesado | 重 |
| Piedras | 石头 |
| Preparación | 准备 |
| Salvaje | 荒野 |
| Sol | 太阳 |

## Suministros de Arte
### 美术用品

| | |
|---|---|
| Aceite | 油 |
| Acrílico | 丙烯酸纤维 |
| Acuarelas | 水彩 |
| Agua | 水 |
| Arcilla | 黏土 |
| Borrador | 橡皮 |
| Caballete | 画架 |
| Cámara | 照相机 |
| Cepillos | 刷子 |
| Colores | 颜色 |
| Creatividad | 创造力 |
| Ideas | 想法 |
| Lápices | 铅笔 |
| Mesa | 桌子 |
| Papel | 纸 |
| Pasteles | 粉彩 |
| Pegamento | 胶水 |
| Pinturas | 油漆 |
| Silla | 椅子 |
| Tinta | 墨水 |

## Surf
### 冲浪

| | |
|---|---|
| Arrecife | 礁 |
| Atleta | 运动员 |
| Campeón | 冠军 |
| Clima | 天气 |
| Diversión | 乐趣 |
| Espuma | 泡沫 |
| Estilo | 风格 |
| Estómago | 胃 |
| Extremo | 极端 |
| Fuerza | 力量 |
| Multitudes | 人群 |
| Océano | 海洋 |
| Ola | 波 |
| Playa | 海滩 |
| Popular | 流行的 |
| Principiante | 初学者 |
| Remo | 桨 |
| Velocidad | 速度 |

## Tecnología
### 技术

| | |
|---|---|
| Archivo | 文件 |
| Blog | 博客 |
| Bytes | 字节 |
| Cámara | 照相机 |
| Cursor | 光标 |
| Datos | 数据 |
| Digital | 数字 |
| Estadísticas | 统计数据 |
| Fuente | 字体 |
| Internet | 互联网 |
| Investigación | 研究 |
| Mensaje | 信息 |
| Navegador | 浏览器 |
| Ordenador | 电脑 |
| Pantalla | 屏幕 |
| Seguridad | 安全 |
| Software | 软件 |
| Virtual | 虚拟 |
| Virus | 病毒 |

## Tiempo
### 時間

| | |
|---|---|
| Ahora | 现在 |
| Antes | 以前 |
| Anual | 每年 |
| Año | 年 |
| Ayer | 昨天 |
| Calendario | 日历 |
| Década | 十年 |
| Día | 日 |
| Futuro | 未来 |
| Hora | 小时 |
| Hoy | 今天 |
| Mañana | 早晨 |
| Mediodía | 中午 |
| Mes | 月 |
| Minuto | 分钟 |
| Momento | 时刻 |
| Noche | 晚上 |
| Reloj | 时钟 |
| Semana | 周 |
| Siglo | 世纪 |

## Tipos de Cabello
### 头发类型

| | |
|---|---|
| Blanco | 白色 |
| Brillante | 闪亮的 |
| Cabelludo | 头皮 |
| Calvo | 秃 |
| Corto | 短 |
| Delgada | 薄 |
| Gris | 灰色 |
| Grueso | 厚 |
| Largo | 长 |
| Marrón | 棕色 |
| Negro | 黑色 |
| Plata | 银 |
| Rizado | 卷曲 |
| Rizos | 卷发 |
| Rubio | 金发 |
| Saludable | 健康 |
| Seco | 干 |
| Suave | 柔软的 |
| Trenzado | 编织 |
| Trenzas | 辫子 |

## Vacaciones #1
### 假期 #1

| | |
|---|---|
| Aduana | 海关 |
| Avión | 飞机 |
| Billete | 票 |
| Coche | 汽车 |
| Expedición | 远征 |
| Itinerario | 行程 |
| Lago | 湖 |
| Maleta | 手提箱 |
| Mochila | 背包 |
| Moneda | 货币 |
| Museo | 博物馆 |
| Paraguas | 伞 |
| Relajación | 放松 |
| Salida | 离开 |
| Tranvía | 电车 |
| Turista | 游客 |

## Vacaciones #2
### 假期 #2

| | |
|---|---|
| Aeropuerto | 机场 |
| Camping | 露营 |
| Carpa | 帐篷 |
| Destino | 目的地 |
| Extranjero | 外国人 |
| Fotos | 照片 |
| Hotel | 酒店 |
| Isla | 岛 |
| Mapa | 地图 |
| Mar | 海 |
| Ocio | 暇 |
| Pasaporte | 护照 |
| Playa | 海滩 |
| Restaurante | 餐厅 |
| Taxi | 出租车 |
| Transporte | 运输 |
| Tren | 火车 |
| Vacaciones | 假期 |
| Viaje | 旅程 |
| Visa | 签证 |

## Vehículos
### 车辆

| | |
|---|---|
| Ambulancia | 救护车 |
| Autobús | 总线 |
| Avión | 飞机 |
| Balsa | 筏 |
| Barco | 船 |
| Bicicleta | 自行车 |
| Camión | 卡车 |
| Caravana | 大篷车 |
| Coche | 汽车 |
| Cohete | 火箭 |
| Ferry | 渡轮 |
| Furgoneta | 货车 |
| Helicóptero | 直升机 |
| Metro | 地铁 |
| Motor | 马达 |
| Neumáticos | 轮胎 |
| Submarino | 潜艇 |
| Taxi | 出租车 |
| Tractor | 拖拉机 |
| Tren | 火车 |

## Verano
### 夏天

| | |
|---|---|
| Alegría | 喜悦 |
| Amigos | 朋友 |
| Buceo | 潜水 |
| Camping | 露营 |
| Comida | 食物 |
| Estrellas | 星星 |
| Familia | 家庭 |
| Hogar | 家 |
| Jardín | 花园 |
| Juegos | 游戏 |
| Libros | 书籍 |
| Mar | 海 |
| Música | 音乐 |
| Ocio | 暇 |
| Playa | 海滩 |
| Recuerdos | 回忆 |
| Relajación | 放松 |
| Sandalias | 凉鞋 |
| Vacaciones | 假期 |
| Viaje | 旅行 |

## Verduras
### 蔬菜

| | |
|---|---|
| Ajo | 大蒜 |
| Alcachofa | 朝鲜蓟 |
| Apio | 芹菜 |
| Berenjena | 茄子 |
| Brócoli | 西兰花 |
| Calabaza | 南瓜 |
| Cebolla | 洋葱 |
| Ensalada | 沙拉 |
| Espinacas | 菠菜 |
| Guisante | 豌豆 |
| Jengibre | 姜 |
| Nabo | 芜菁 |
| Oliva | 橄榄 |
| Patata | 土豆 |
| Pepino | 黄瓜 |
| Perejil | 香菜 |
| Rábano | 萝卜 |
| Seta | 蘑菇 |
| Tomate | 番茄 |
| Zanahoria | 胡萝卜 |

# Enhorabuena

**Lo has conseguido!**

Esperamos que hayas disfrutado de este libro tanto como nosotros al diseñarlo. Nos esforzamos por crear libros de la máxima calidad posible.
Esta edición está diseñada para proporcionar un aprendizaje inteligente, de calidad y divertido!

¿Te ha gustado este libro?

-------

## Una Petición Sencilla

Estos libros existen gracias a las reseñas que se publican.
¿Podrías ayudarnos dejando una reseña ahora?
Aquí tienes un breve enlace a la página de reseñas

BestBooksActivity.com/Opiniones50

# ¡DESAFÍO FINAL!

## Reto n°1

¿Estás listo para tu juego gratis? Los utilizamos siempre, pero no son tan fáciles de encontrar. ¡Aquí están los **Sinónimos!**

Escribe 5 palabras que hayas encontrado en los rompecabezas (#21, #36, #76) y trata de encontrar 2 sinónimos para cada palabra.

### Escriba 5 palabras del **Puzzle 21**

| Palabras | Sinónimo 1 | Sinónimo 2 |
|---|---|---|
|  |  |  |
|  |  |  |
|  |  |  |
|  |  |  |
|  |  |  |

### Escriba 5 palabras del **Puzzle 36**

| Palabras | Sinónimo 1 | Sinónimo 2 |
|---|---|---|
|  |  |  |
|  |  |  |
|  |  |  |
|  |  |  |
|  |  |  |

### Escriba 5 palabras del **Puzzle 76**

| Palabras | Sinónimo 1 | Sinónimo 2 |
|---|---|---|
|  |  |  |
|  |  |  |
|  |  |  |
|  |  |  |
|  |  |  |

# Reto n°2

Ahora que te has calentado, escribe 5 palabras que hayas encontrado en los Puzzles 9, 17 y 25 e intenta encontrar 2 antónimos para cada palabra. ¿Cuántos puedes encontrar en 20 minutos?

*Escriba 5 palabras del **Puzzle 9***

| Palabras | Antónimo 1 | Antónimo 2 |
|---|---|---|
|  |  |  |
|  |  |  |
|  |  |  |
|  |  |  |
|  |  |  |

*Escriba 5 palabras del **Puzzle 17***

| Palabras | Antónimo 1 | Antónimo 2 |
|---|---|---|
|  |  |  |
|  |  |  |
|  |  |  |
|  |  |  |
|  |  |  |

*Escriba 5 palabras del **Puzzle 25***

| Palabras | Antónimo 1 | Antónimo 2 |
|---|---|---|
|  |  |  |
|  |  |  |
|  |  |  |
|  |  |  |
|  |  |  |

# Reto n°3

¡Genial! Este desafío final no es nada para ti.

¿Preparado para el reto final? Elige 10 palabras que hayas descubierto en los diferentes rompecabezas y escríbelas a continuación.

| | |
|---|---|
| 1. | 6. |
| 2. | 7. |
| 3. | 8. |
| 4. | 9. |
| 5. | 10. |

Ahora escribe un texto pensando en una persona, un animal o un lugar que te guste.

*Puedes usar la última página de este libro como borrador.*

## Tu Composición:

# CUADERNO DE NOTAS :

# HASTA PRONTO !

*Todo el Equipo*

# DESCUBRA JUEGOS GRATIS

**GO**

↓

BESTACTIVITYBOOKS.COM/FREEGAMES